W0353108

Lisa Gast

Ein Jahr auf den Kanaren

Lisa Gast

Ein Jahr auf den Kanaren

Reise in den Alltag

HERDER

FREIBURG · BASEL · WIEN

MIX
Papier aus verantwortungsvollen Quellen
FSC® C083411

Originalausgabe

© Verlag Herder GmbH, Freiburg im Breisgau 2015
Alle Rechte vorbehalten
www.herder.de

Umschlagkonzeption: Agentur R·M·E Roland Eschlbeck
Umschlaggestaltung: Designbüro Gestaltungssaal
Umschlagmotiv: © lunamarina-Fotolia

Satz: Dtp-Satzservice Peter Huber, Freiburg
Herstellung: CPI Moravia Books, Pohorelice

Printed in Czech Republic

ISBN 978-3-451-06712-9

Inhalt

August

Teneriffa. Im Landeanflug leuchtet der Teide im Mondschein über einer dichten Wolkenschicht. Im Norden der Insel stauen sich die Wolken, der Süden ist klar, die Straßenbeleuchtung verschwenderisch. Jetzt, tatsächlich, erfasst mich dieses ergreifende Gefühl: Ja, ich ziehe um. Ich bin hier. Und gekommen, um zu bleiben. Das Geplapper der Mädels neben mir, an dem ich mich bis eben beteiligt hatte, rauscht nur noch an mir vorbei. Ich starre aus dem Fenster, jedes Licht aus der Kabine schirme ich mit meinen Händen ab. Ich will alles in mich aufsaugen und für immer speichern. Will vollkommen im Hier und Jetzt sein. Wir drehen in den Endanflug. Meine Augen wandern die Küste entlang, ich erkenne die ersten Palmen, Hotels und beleuchteten Swimmingpools, dann wieder hoch zum Teide.

Das Schönste ist: Ich werde abgeholt. Noch warte ich am Gepäckband auf meinen Koffer. Und jedes Mal, wenn sich die Schiebetür zur Ankunftshalle öffnet, versuche ich, meinen Vater zu entdecken, doch immer ist die Zeit zu kurz. Ich habe ihn und meine Geschwister seit einem Jahr nicht mehr gesehen und bin dankbar, meine ersten Wochen auf Teneriffa mit ihnen verbringen zu dürfen.

Nach einer Stunde Fahrt erreichen wir Los Realejos, von wo aus wir uns über schmale Gassen hinaufschlängeln zu einem Ort, der mir wie das Paradies erscheint: die dunkle Silhouette der Berge hinter uns, die laue Nachtluft, das Rascheln der Palmen im Wind. Ich betrete das Haus und bin überwältigt. Der Duft von reifen Mangos und Bananen liegt in der Luft; Berge davon sind auf vier Schalen gestapelt. Von dem großen offenen Raum führen vier Türen auf die Terrasse. Von dort aus blicke ich – umrahmt von üppigem Grün – auf das unter uns liegende offene Meer. Ich brauche eine Weile, um zu begreifen, dass ich die nächsten zwei Wochen wirklich hier verbringen darf.

Warum die Kanaren? Genau weiß ich es nicht. Ich habe eine Vorliebe für Inseln, das schon. Vor allem, weil ich das Meer liebe und es mag, wenn an einem Ort zwar alles vorhanden ist – Infrastruktur, Geschäfte, Ärzte, Möglichkeiten zur anregenden Freizeitgestaltung –, aber nicht von allem krankhaft viel. Ich brauche keine tausend Wurst- und Joghurtsorten im Regal. Auch fünfhundert verschiedene Shampoos verwirren mich eher. Stattdessen kenne ich lieber meine Nachbarn und die schönsten Spots meiner Insel. Genau genommen mag ich vor allem das Kennenlernen. Diese Glücksmomente, wenn ich einem Menschen begegne, von dem ich schon ahne, dass er ein Freund werden könnte, oder eine Bucht entdecke, von der ich sofort weiß, dass ich in Zukunft häufiger dort sein werde.

Doch dafür hätte ich auch auf die Liparischen Inseln oder die Salomonen gehen können. Oder zu einer beliebigen anderen Gruppe der halben Milliarde Insulaner weltweit. Oder einfach auf Malta bleiben. Die Entscheidung für die Kanaren fiel eher pragmatisch. Sicher war es keine seit meiner Kindheit gehegte Vorstellung, dass mein Glück allein hier zu finden sei. Ich kannte die Kanarischen Inseln noch nicht, keine davon. Das war ein Plus, weil spannender. Es gibt sieben Hauptinseln zur Auswahl, mindestens eine davon wird mir schon gefallen.

Jeder Besitz kann altern, kaputtgehen oder gestohlen werden – aber Erinnerungen, die bleiben für immer. Und die guten machen stets reicher, nie ärmer. Noch dazu steigt ihr Wert mit der Zeit. Auch Herausforderungen, denen ich mich erfolgreich stelle, gehen als Guthaben auf mein Lebenskonto ein. Was suche ich also auf den Kanaren? Die Herausforderung, allein an einem fremden Ort wieder neu zu beginnen, und viele Glücksmomente für mein Lebenskonto.

Es ist dunkel und still. Meinen ersten Tag auf den Kanaren verbringen wir unter der Erde.

„Genauso tief, wie Särge verbuddelt werden", bemerkt ein Teenager, als wir erfahren, dass wir mit unserer geschätzten Tiefe von zwanzig Metern um ganze achtzehn Meter falsch lagen. Auch ich hätte vermutet, dass wir uns deutlich tiefer unter der Erde befinden. Es ist kühl; ganzjährig etwa elf Grad. Und noch immer stockfinster.

„Für die meisten Besucher ist es das erste Mal im Leben, dass sie absolute Dunkelheit und Stille erleben", sagt unser Guide Alfredo, und ich glaube ihm. „Habt ihr Lust auf ein Experiment?"

Klar.

„Also gut, dann gehen wir im Dunkeln weiter bis zum Höhlenausgang, rechte Hand an die Wand und los!"

Das würde ich ihm gern ebenfalls glauben, aber mit acht Kindern in der Gruppe kann er das unmöglich ernst gemeint haben. Ich erinnere mich an die zehn Regeln auf der Hinweistafel am Eingang der Höhle. Die erste: „Folgen Sie stets den Anweisungen des Führers." Eine unglückliche Formulierung in der deutschen Übersetzung, und ich hoffe, dass offensichtlich unsinnige Anweisungen von dieser Regel ausgenommen sind.

Alfredo unterbricht das nachdenkliche Schweigen mit seinem Lachen: „Das machen wir natürlich nicht. Stirnlampen wieder an!" Ein Lichtkegel nach dem andern taucht auf. Jetzt sehe ich auch die anderen wieder: meine drei Geschwister, fünf weitere Kinder und sieben Erwachsene lehnen an der Höhlenwand, jeder mit Helm und Stirnlampe auf dem Kopf.

Die Cueva del Viento bei Icod de los Vinos ist der längste Komplex aus Vulkanröhren in ganz Europa. Längere Höhlensysteme gibt es nur auf Hawaii. Doch hat die Regierung lediglich 180 Meter der „Höhle des Windes" zur Besichtigung freigegeben, um das fragile Ökosystem und den Lebensraum der rund 120 hier lebenden Spezies zu schützen. Bisher kannte ich nur Tropfsteinhöhlen, aber diese ist anders: ein siebzehn Kilometer langes Labyrinth aus Röhren, verteilt auf drei Ebenen, entstanden an nur einem einzigen Tag, als vor 27 000 Jahren ein Nebenvulkan des Teide ausbrach.

„Wenn die Oberfläche der fließenden Lava mit der kalten Luft in Kontakt kommt, versteinert sie; die heiße Lava darunter fließt weiter", erklärt Alfredo die Entstehung der Hohlräume im Basaltgestein.

Die Röhren erinnern mich an die Gänge in einem Bergwerk, doch die Wände sind glatter, und der Boden sieht aus wie fließende Lava, nur erstarrt. Viele der Röhren haben einen solchen Durchmesser, dass wir bequem aufrecht gehen können; in einige schmalere Arme schickt Alfredo die Kinder zu einer „Spezial-Expedition".

Zurück an der Oberfläche nehmen wir zwar die Helme ab, behalten aber die pinkfarbenen, gelben und blauen Hygienemützchen darunter an. Der Grund dafür erschließt sich mir nicht, das Ergebnis aber ist, dass sich die Kinder vor Lachen kaum beruhigen können. Sie stimmen Otto Waalkes' „Hey Zwerge, hey Zwerge, hey Zwerge ho" an, und auch mir ist der Vergleich in den Sinn gekommen. Unser Rückweg führt uns im Nebel durch einen Pinienwald entlang einem von den Ureinwohnern der Kanaren, den Guanchen, angelegten Königsweg. „Hey Zwerge, hey Zwerge, go go go."

Noch auf eine andere Art fühle ich mich wie ein Zwerg: Weihnachtssterne, Salbei und Baumheide – die aussieht wie das kniehohe Heidekraut in deutschen Wäldern – wachsen hier meterhoch, und das, obwohl dieses Waldstück erst 2007 niederbrannte. Die Brandschäden sieht man heute nur noch auf den zweiten Blick: Die Rinden der Kiefern sind schwarz verkrustet, aber die Bäume leben.

„Schon nach einem Jahr konnte man die ersten Kiefern wieder austreiben sehen", erklärt Alfredo. „Und ihre Feuerresistenz ist nur eine der bemerkenswerten Eigenschaften der Kanarischen Kiefer." Auf den Kanaren endemisch und weit verbreitet, ist sie besonders für den Wasserhaushalt der Inseln wichtig. Sie wächst vor allem in Höhenlagen, in denen sich die feuchten Passatwinde in einer nebelartigen Wolkenschicht stauen. Alfredo spricht vom „horizontalen Regen", wenn die feinen Wassertropfen vom Wind befördert werden. An ihren bis zu dreißig Zentimeter langen Nadeln kondensiert die Feuchtigkeit und tropft auf den Boden. Der Baum selbst benötigt aber nur etwa ein Drittel des dabei gewonnenen Wassers, der Rest wird ans Grundwasser abgegeben.

Wir gehen vorbei an einem runden Getreidedreschplatz, auf dem laut Alfredo schon die Guanchen Gerste droschen. „Sie rösteten das gemahlene Korn und nannten es Gofio."

Einige aus der Gruppe rufen „Ahh!", als hätten sie soeben etwas verstanden, über das sie sich zuvor gewundert hatten. Ich nicht.

„Noch heute ist Gofio eine wichtige Grundkomponente der kanarischen Küche und besteht mittlerweile oft auch aus Weizen, Mais oder sogar Kichererbsen. Weil es schon geröstet ist, muss es weder gekocht noch gebacken werden. Es schmeckt pur oder mit anderen Zutaten. Im Infozentrum könnt ihr es gleich probieren." Damit beendet Alfredo seinen Vortrag.

In den nächsten Tagen erfinden wir täglich weitere Gofio-Rezepte. Die Lieblingsvariante meiner Geschwister ist eine große Portion Nutella mit ein wenig Gofio-Pulver. Ich mag es als festen Brei mit reifen zerdrückten Bananen und Schlagsahne obendrauf. Später verfeinere ich diese Kreation, indem ich mehr Gofio und weniger Bananen verwende, bis der Teig fest genug ist, dass ich ihn zu Kugeln formen kann, die ich dann in Kokosraspeln rolle. Gofio-Pralinen nennen wir das.

Weil mein jüngster Bruder weiß, wie gern ich Gleitschirm fliege und dass ich mich jedes Mal freue, wenn ich einen anderen Piloten am Himmel sehe, hat er sich angewöhnt, mich auf jeden Schirm hinzuweisen, den er sieht. Normalerweise passierte das ein paar Mal am Tag, doch heute ruft er allein auf der kurzen Autofahrt zu unserem Hausstrand Playa del Socorro bestimmt fünfzehn Mal: „Schirm!"

Am Strand angekommen verstehe ich, warum: ein Gleitschirmfestival. Infostände und Sonnenzelte sind aufgebaut. Partymusik beschallt aus mehreren Boxen den Strand, auf dem mit weißen Bändern das Landefeld abgesteckt ist. Ein vertrautes Bild: Bunte Schirme kreisen am Himmel, gepackte Ausrüstungen lehnen an einer Mauer, daneben warten Piloten auf den Shuttlebus zum Startplatz, alle quatschen durcheinander über ihre größten Heldenflüge. Unten am Strand landet einer, zwei andere helfen beim Zusammenpacken, denn am Parkplatz laden die ersten Piloten ihre Ausrüstung bereits in den Bus. Alle drin, sie fahren, ich schaue ihnen nach; will mit.

Der schwarze Sand ist so heiß, dass ich barfuß nur schnell und mit nassen Füßen darüberlaufen kann. Auch dafür suche ich mir vorher den kürzesten Weg: vom Handtuch zum Wasser, von dort zum Eisverkäufer und zurück auf das helle Handtuch. Im Moment beschränkt sich mein Tun aufs Zuschauen: den Gleitschirmpiloten und Surfern, den Wolken und Wellen.

Um selbst zu fliegen, fehlt mir meine Ausrüstung. Sie lagert bei einem Freund in Deutschland, und ich muss mich noch ein paar Wochen oder gar Monate gedulden, bis er sie mir mitbringt. Immerhin haben wir einen gemeinsamen Flugurlaub auf den Kanaren fest geplant, nur der Zeitpunkt ist noch offen. Ich notiere mir vorsorglich all die Adressen, Startplätze und Kontakte, die mir die Piloten am Infostand geben.

Auch schwimmen darf ich heute nicht, weil der Bademeister jeden Versuch energisch mit seiner Trillerpfeife unterbindet, die rote Fahne zeigt absolutes Badeverbot an. Allein die Surfer dürfen sich in die meterhohen Wellen stürzen, aber surfen kann ich noch nicht. Ich begreife: Wenn auch ich in Zukunft an anderen als den angelegten und durch Molen geschützten Stränden ins Wasser will, muss ich einer von ihnen werden. Der Gedanke gefällt mir.

Die zwei Wochen mit meiner Familie verbringe ich wie eine Touristin: Ich stürze mich 28 Höhenmeter gefühlt senkrecht in die Tiefe und nehme anschließend den Schwarm Haie um mich herum kaum wahr. Letzteres im Siam-Park von der Rutsche „Tower of Power", deren letztes, nun waagerechtes Stück innerhalb einer schmalen Plexiglasröhre durch ein Haifischbecken führt. Die Strände wechseln wir zwischen dem schwarzen Playa del Socorro und dem gelben Playa de las Teresitas. Wir besichtigen Städte, uralte Drachenbäume und natürlich den Teide. Kurz: Wir tun all das, was man in einem Teneriffa-Urlaub typischerweise tut. Den Gedanken, dass ich noch keinen Plan für die Zeit danach habe, schiebe ich weg, sobald er sich aufdrängt.

La Palma. Vom Flughafen Teneriffa Nord fliege ich mit meinem Vater und meiner Schwester Emma für zwei Tage nach La Palma. Dort möchte er Bekannte besuchen und mir vorstellen, die er von einem Seminar über Permakultur kennt. Heike und die Jungs bleiben auf Teneriffa.

Es ist mein erster Flug mit der regionalen Fluggesellschaft Binter Canarias, die überwiegend innerkanarische Flüge anbietet. Noch ahne ich nicht, dass ich bald Vielfliegerin dieser sympathischen weiß-grünen Airline sein werde. Die Platzwahl im Flugzeug ist frei, und jeder scheint so viele Taschen oder Kisten dabeizuhaben, wie er eben gern dabeihat. Wir bleiben auf niedriger Flughöhe unterhalb des Teide-Gipfels und genießen unseren Sightseeing-Flug: Zuerst zieht die Nordküste Teneriffas an uns vorbei, dann der Südosten von La Palma. Unsere Entscheidung für die linke Flugzeughälfte stellte sich also als die richtige Wahl heraus.

Mit einem Mietwagen fahren wir quer über die Insel von der bewölkten Ost- zur sonnigen Westküste nach Puerto de Tazacorte. Vor Santa Cruz de La Palma schlängeln wir uns die Berge hinauf. Vorbei an bunten Häuschen, die mal blau, mal pinkfarben am grünen Hang stehen. Je höher wir kommen, desto häufiger halten wir an, um die Aussicht zu fotografieren. Die Beinamen der Insel, „Isla Verde“ und „Isla Bonita“, sind berechtigt, beides ist sie: grün und schön.

Der Strand von Puerto de Tazacorte ist schwarz, die Häuser sind dafür umso bunter; die wenigen Menschen entspannt. Kubanische Musik dringt aus einer Bar, doch wir entscheiden uns für ein Fischrestaurant unter Kokospalmen. Hier esse ich zum ersten Mal die typisch kanarischen Runzel-Kartoffeln „Papas arrugadas“ mit der scharfen grünen und noch schärferen roten Mojo-Soße, die später auch ohne gegrillten Fisch zu einem meiner Lieblingssnacks auf den Kanaren werden. Praktisch, dass es die salzigen Pellkartoffeln in wirklich jedem kanarischen Restaurant gibt.

Wir fahren weiter an der Westküste entlang in Richtung Norden durch die Gemeinde Tijarafe. Sie hat mit über sechzehn Prozent den höchsten Ausländeranteil der Insel, und der besteht zu großen Teilen aus deutschen Eigenversorgern, Biobauern und Lebensgemeinschaften, von denen wir einige besuchen wollen. Das Land vor uns steigt vom Meer stetig auf über 2300 Meter am Rand der Caldera de Taburiente an, ist gesprenkelt mit einzelnen Gehöften und eingeschnitten von tiefen Schluchten. Wir fahren an der notierten Kilometermarkierung ab, ins Landesinnere, und unser Navi bestätigt, was auch ich sehe: Die befestigte Straße endet hier.

Als wir bei Thomas ankommen, ist er nicht da. Dafür taucht hin und wieder ein barfüßiges Mädchen mit Rastazöpfen im Leinenkleid auf, grüßt freundlich und verschwindet in einer anderen Hütte. Dann das nächste Rasta-Mädchen. Ein Mann mit langen, hochgesteckten Haaren hockt auf einer Mauer und spielt Gitarre. Auf dem Tisch sitzt ein Steinbuddha im Schneidersitz vor einer mit Blüten gefüllten Schale und diversen grünen und violetten Kristallscheiben. Überall sind Spiralen in den Boden geritzt oder mit Steinen und Pflanzen arrangiert. In jeder Ecke stehen Töpfe mit Pflanzen-Ablegern und Vasen voller Strelitzien. Dünne Baumstämme stützen die Vordächer, unter denen bunte tibetische Gebetsfahnen im Wind flattern.

Dann kommt Thomas, der all das hier aufgebaut hat. Seine dunkelblonden Locken reichen ihm bis auf die Schultern, sein Bart endet etwa auf derselben Höhe. Und sein volles, markantes Gesicht erinnert mich an das eines Wikingers. Verwegen und ursprünglich wie seine Hütten. Er zeigt uns das Haupthaus, das vor allem als Musikhaus dient. Überall lehnen Gitarren, hängen Kabel, stehen Trommeln und Mikrofone, in der Ecke ein Schlagzeug. Die Jamsessions jeden Montag sind mittlerweile inselweit bekannt. Fast alle der vielen Instrumente sind Geschenke von Menschen, die irgendwann einmal hier waren oder regelmäßig montags vorbeikommen. Dach und Fußboden sind aus Holz, die Wände aus gestapelten Lavagesteinsbrocken. Der Innenraum ist vor allem eins: bunt, und zwar nicht nur, was die farbliche Gestaltung betrifft. Ein bunter Mix aus Kulturen und Religionen, von denen ich keine als klar vorherrschende erkennen kann. Das dreieckige Fenster im Dachspitz ist wie ein Kirchenfenster bemalt – mit Mondsichel und Stern. Farbenfrohe Wandteppiche mit hinduistischen und buddhistischen Symbolen hängen neben einem Bild von Jesus – gütig lächelnd, mit Heiligenschein. Die Bücher im Regal umfassen die Themen eines kompletten Esoterik- und Religionsbuchladens.

Thomas zeigt uns eine Wohnhöhle weiter hinten auf seinem weitläufigen Grundstück, die seit Monaten vermietet ist. Zu einer kurzen Besichtigung können wir ihn trotzdem überreden. Im Eingang der Höhle baumeln Federn, ein Windspiel und ein Traumfänger. Im Inneren brauchen meine Augen einen Moment, um sich von der gleißenden Mittagssonne an die Dunkelheit zu gewöhnen. Ein scharf begrenzter Lichtstrahl fällt durch die kleine Tür herein. Es ist angenehm kühl. Mit jeder Minute kann ich mehr erkennen: die einfache Matratze auf dem Boden, den bunten Bettbezug, einen Stapel Bücher als Nachttisch, viele Kerzen. Vereinzelte Kleidungsstücke hängen oder liegen herum. Die Felswand fühlt sich feucht und kalt an, der Boden ist holprig.

Als Thomas vor zwanzig Jahren auf die Insel kam, wohnte er zunächst selbst in einer Höhle. Sie befand sich auf dem Grundstück eines älteren Ehepaares, das ihm erlaubte, sie zu nutzen. Seine damals schlimme Neurodermitis zwang ihn, seinen Job als Tischler in Deutschland aufzugeben. Mit dem naturverbundenen Leben auf La Palma heilte seine Haut vollständig aus.

Mein persönlicher Favorit ist das offene Holzhaus auf Stelzen, mit Palmblättern gedeckt; wie ein Baumhaus thront es hoch oben über den Baumspitzen. Emma und ich lassen uns in die beiden Hängematten fallen.

„Wir können bis nach Amerika schauen – mindestens!“, ruft Emma Papa zu, der noch unten steht.

Thomas lacht und fragt uns, ob wir heimlich von der Pflanze probiert hätten, die üppig an unserem Baumhaus hochrankt. „Seid vorsichtig, Mädels, die hat eine halluzinogene Wirkung“, warnt er uns.

„Dann wächst die doch sicher nicht zufällig hier?“, will ich wissen.

„Ach, Zufall, was passiert schon zufällig im Leben? Dass ihr jetzt hier seid etwa?“

Danach fahren wir ins Paradies. Zumindest bezeichnet Anna ihr Grundstück so. Und uns fällt nicht viel ein, um ihr zu widersprechen.

„Hier wächst einfach alles“, schwärmt sie, „Äpfel und Nüsse, sogar Kastanien und Pilze wie in Deutschland und dazu Obst wie in den Tropen: Mangos, Bananen, Guaven, Papayas ...“ Sie redet von den „Inseln des ewigen Frühlings“, und ihre Begeisterung steckt an. „Das Leben findet draußen statt.“

Wie wahr ihr letzter Satz ist, begreife ich erst, als wir uns ihr Paradies genauer anschauen. Wir beginnen den Rundgang in ihrer Küche. „In“ ist nicht ganz korrekt, denn die Küche ist draußen. Genau wie fast alles andere hier. Die Küchenzeile aus rot gestrichenem Holz steht mitten in ihrem Kräutergarten. Töpfe und Pfannen hängen am Baum, in dem auch eine weiße Katze sitzt.

Anna zeigt uns einen runden Meditations- und Seminarraum, den sie zusammen mit Freunden aus Natursteinen, Lehm, Holz und Glas gebaut hat. Und später ihren privaten „Tempel“ aus handgeformten, an der Luft getrockneten Lehmziegeln. Dort schläft sie und zieht sich zurück, wenn das Wetter doch einmal nicht dazu animiert, sich draußen aufzuhalten. Es ist urgemütlich, nirgends eine Ecke oder Kante, alles sieht weich und fließend aus. Eindeutig von Frauenhand gestaltet. Überall liegen Decken und Kissen; der Raum ist in warmes Licht gehüllt, die Wände sandfarben gestrichen.

In ihrem Gemüsegarten ernten wir die Zutaten für unseren Salat. Dabei erzählt sie uns, dass die Insulaner wieder mehr selbst anbauen; vielleicht, weil Wasser hier relativ günstig ist. Man mietet oder kauft Durchlaufrechte durch Wasserleitungen von der Gemeinde. Die Leitungen werden direkt über die Klippen bis zum Grundstück verlegt. Da es keinen Frost gibt, müssen sie nicht unterirdisch verlaufen. Das erklärt die vielen grauen Rohre, die wir auf dem Hinweg an den Hängen gesehen haben.

„Die dicken Rohre führen Wasser aus den Bergen bis hinunter ins Tal zu den Bananenplantagen. Die verbrauchen Unmengen von Wasser, dadurch sinkt der Grundwasserspiegel immer mehr. Die Gemeinde Barlovento im Norden der Insel stellt ihren Anwohnern sogar Land und Wasser zur Verfügung, um den Getreideanbau zu fördern.“ Während sie das sagt, schneidet sie frisch gebackenes Brot auf. Nur den Ziegenkäse hat sie auf einem Bauernmarkt gekauft.

Sie erwähnt einige kleinere Gemeinschaftsprojekte auf der Insel, die die Vision verwirklichen, ein alternatives Leben in Harmonie mit der Natur zu führen. Schon zum zweiten Mal hören wir heute vom Permakultur-Projekt Autarca und beschließen, dort morgen spontan einmal vorbeizuschauen.

„In einem anderen Projekt haben Kinder, Eltern und Lehrer eine Schule aus Lehm gebaut." Auch sie war früher Lehrerin, hier lebt sie von Mieteinnahmen aus Deutschland.

„Die wenigsten Projekte können sich ausreichend finanzieren", erklärt sie, „obwohl man hier auch nicht viel braucht. Wir Ausländer haben ein Netzwerk und unterstützen uns gegenseitig. Auch der Kontakt zu den Einheimischen ist gut."

Nach dem Essen setzen wir unseren Rundgang auf der Finca fort: Das Bad besteht aus einer Wanne unterm Sternenhimmel mit einer Feuerstelle darunter und einer Dusche, umgeben von Bambus. Für Letztere entscheide ich mich. Das Wasser kommt aus einem langen schwarzen, spiralförmig ausgelegten Schlauch, der sich tagsüber in der Sonne aufheizt. Die Blätter rascheln über mir durch das Spritzwasser, das von meinen Haaren abperlt, und die angenehm runden Steine unter meinen Füßen erwärmen sich von dem noch warmen Wasser.

Ich genieße es, mit meiner Schwester und meinem Vater zusammen im Baumwollzelt unter einem Kakibaum zu schlafen. Abends liegen wir lange wach und reden über den Tag. Als sie eingeschlafen sind, stehe ich leise auf und gehe noch eine kleine Runde über das Grundstück. Die Grillen bezirpen, und in jedem zweiten Gebüsch raschelt es. Es beruhigt mich zu wissen, dass weder giftige Schlangen noch Skorpione die Geräusche verursachen können, weil giftige Tiere auf den Kanaren nicht vorkommen – von einem seltenen Hundertfüßler abgesehen.

Der Himmel überwältigt mich. Jeder einzelne Stern funkelt kristallklar, und es sind mehr, als ich je auf einmal gesehen habe. Es wundert mich nicht, dass eins der größten Teleskope der Welt hier im Observatorium auf dem Roque de los Muchachos steht. Im „Ley del Cielo", dem weltweit ersten Gesetz gegen Lichtverschmutzung, wurden 1988 Beschränkungen der Außenbeleuchtung auf La Palma festgelegt. Auch die Straßenlaternen wurden durch orangefarbene, zum Boden strahlende ersetzt.

Am nächsten Morgen fühle ich mich so erholt wie lange nicht mehr. Schon vor Stunden hörte ich den ersten Vogel singen, jetzt zwitschern sie wild und laut durcheinander. Minze und Zitronenmelisse duften herrlich in der feuchten Morgenluft. Als die ersten Sonnenstrahlen auf sie treffen, dampfen sie wie frisch aufgebrühter Tee.

Nach einem Obst-Frühstück direkt vom Baum fahren wir in eine Bucht weiter im Norden. Schon beim Abstieg entdecken wir die ersten Höhlenwohnungen. Der schmale Pfad führt so nah an den Felsklippen entlang, dass ich mich fühle, als würde ich durch die Vorgärten der Höhlenbewohner spazieren. Manche Vordächer überdecken den gesamten Pfad, und ich vermute, dass hier nicht häufig Gäste wie wir vorbeischauen. Auf den ersten Blick bin ich überrascht, wie ursprünglich die Höhlen wirken. Sie haben nichts mit den ausgebauten Höhlenhäusern zu tun, die teilweise auf Gran Canaria oder in Andalusien stehen. Sie sehen aus wie rein natürlich entstandene Höhlen, vor die jemand eine Tür gesetzt hat, ähnlich wie die gestern bei Thomas. Doch bei näherem Hinsehen wandelt sich das Bild: Steckdosen sind teilweise sogar im überdachten Außenbereich angebracht, Wasserleitungen verlaufen über die Felsen. Manche Höhlenwohnungen haben Fenster oder einen kleinen Vorbau aus Beton. Schlösser verschließen die Eingangstüren. Tische und

Stühle, zusammengesetzt aus größeren Steinen, stehen vor den Höhlen im unteren Teil der Bucht. Und vor nahezu jeder Höhle gibt es verrußte Feuerstellen, oft mit Gittern darüber wie bei einem Grill.

In der gesamten Bucht ist es ruhig. Zum Trocknen aufgehängte Handtücher und im Wind schaukelnde Hängematten vor den Höhlen zeugen zwar von Leben, aber wir treffen niemanden. Vielleicht schlafen alle noch oder warten mit dem Aufstehen, bis wir verschwunden sind.

Zwischen Felswänden gehen wir weiter in die Schlucht hinein, kaum mehr als hundert Meter, bis der gewundene Weg und dichtes Gestrüpp das eben noch laute Tosen des Meeres verschluckt haben. Die Stille wirkt fast unwirklich. Am Ende der Schlucht ragen Felswände auf, orangebraun, glatt und steil, und verdichten sich weit über uns wie ein Trichter, in dessen unterer Öffnung wir nun sitzen. Jeder auf einem der großen Steine, die zu diesem Zweck hier arrangiert wurden und alle auf die Mitte einer großen, aus Steinen gelegten Spirale gerichtet sind. Ein Treffpunkt der Höhlenbewohner, die Felswände verziert mit Symbolen wie dreifachen Spiralen oder dem Yin-Yang-Zeichen.

Auf unserem Weg in Richtung Süden halten wir bei der Lebensgemeinschaft Autarca, von der uns Anna gestern erzählt hat.

„In Kooperation mit der Natur forsten wir verwüstetes Land wieder auf und schließen systematisch Kreisläufe. Dadurch entstehen eine üppig nährende Vegetation und regionale Regenfälle. Wir erlangen wirtschaftliche und energetische Unabhängigkeit", beschreiben Barbara und Erich ihr Projekt.

Zum Kochen, Backen und Dörren stehen vor dem bioklimatischen Wohnhaus verschiedene Solaröfen. Zwei ineinandergestülpte Wassertonnen dienen als kleine Biogasanlage.

„Wir füttern die Methanbakterien täglich mit etwa zwei Kilogramm Küchenabfällen und fünf Litern Wasser; damit produzieren sie ausreichend Gas, um bis zu zwei Stunden am Herd zu kochen", erklärt Erich. „In einer alten Blechtonne findet die Pyrolyse von Futterresten der Ziegen zu Bio-Holzkohle statt. Diese wird im Kompost-Klo zur Herstellung von Terra Preta integriert. Und aus organischem Müll werden in Wurmfarmen Flüssigdünger und Humus gewonnen." Auf dem gesamten Grundstück entdecke ich kein einziges Beet, stattdessen wachsen Obstbäume, Gemüse, Kräuter und Blumen auf Hügelbeeten, in Sonnenfallen und Kratern wild durcheinander.

„In Teichen gespeichertes Wasser wird weitergeleitet in die angelegte hochbiodiverse essbare Landschaft", so Erich.

„Alle Haus- und Wildtiere bewegen sich frei, und dem Aufbau von gesunden Bienenvölkern schenken wir besondere Aufmerksamkeit. Unsere Kinder lernen, wie befreiend und inspirierend es ist, Verantwortung für einen gesunden Planeten zu übernehmen", schwärmt Barbara.

Fahrt vorbei an großflächigen Bananenplantagen über die Südspitze zurück an die Ostküste zum Flughafen. Der Vulkan El Teneguía im Süden La Palmas ist erst 1971 ausgebrochen und damit der jüngste Vulkan Spaniens. Lavaströme haben große Gebiete bedeckt und vorübergehend sämtliches Leben vernichtet. Jetzt leuchten auf dem schroffen Untergrund erste grüne Büsche, und die Gemeinde Fuencaliente nutzt einige der Gebiete mit ihrer fruchtbaren Vulkanasche zum Weinanbau. Der süße Malvasier wurde mehrfach ausgezeichnet. Die Lava floss damals bis ins Meer und vergrößerte damit die Insel ein weiteres Mal. Einen dabei neu entstandenen Strand hat man ganz pragmatisch „Playa Nueva" genannt. Einen alten und einen neuen Leuchtturm; eine Saline mit Besucherzentrum und Café, in der dank EU-Subventionen heute noch Salz gewonnen wird – mehr gibt es hier nicht. Schwarzes „Malpaís", so weit ich schauen kann. Was für ein Kontrast zu der sonst so grünen Insel, die zu vierzig Prozent mit Wald bedeckt ist.

Los Realejos, Teneriffa. Manchmal sehne ich mich nach einem Zuhause, danach, irgendwo anzukommen. Eine heftige Angina verdirbt mir plötzlich meine gesamte positive Stimmung. Ich fühle mich elend, und alles, was ich will, ist meine Ruhe haben, im Bett liegen und von einem geliebten Menschen umsorgt werden. Ich bin froh, dass meine Familie noch da ist, wenn auch nur noch einen weiteren Tag. Papa kocht mir Ingwertee, und ich genieße es, die Stimmen meiner Geschwister und unserer Gäste im Garten zu hören, während ich in der heißen Badewanne liege.

Die Tür zu meinem Badezimmer geht auf und der vierjährige Sammy sieht mich erstaunt mit seinen großen, dunklen Augen an. Wortlos. Tür wieder zu.

Ich lausche dem Gespräch, das er vor der Badtür mit meinem ebenfalls vierjährigen Bruder führt: „Du, Albert, da liegt eine nackte fremde Frau in eurer Wanne." Kleine Tippelschritte zum Bad, Tür wieder einen Spalt auf, diesmal schauen beide Kinderköpfe herein. Wie in einem Comic: Alberts blonder Schopf über Sammys schwarzem. Sie stellen sich direkt neben meine Wanne und unterhalten sich, als wäre ich überhaupt nicht anwesend.

„Ach Quatsch, das ist doch meine Schwester!"

„Nein, nein, das kann nicht sein, deine Schwester ist doch die Emma, und die hier", Sammy zeigt auf mich, „habe ich noch nie gesehen."

„Doch, doch, das ist so was wie die Emma, nur in groß. Die wohnt nicht bei uns."

Mittlerweile hat Sammy einen Zahnputzbecher entdeckt, den er wieder und wieder mit kaltem Wasser aus dem Waschbecken füllt und dann gedankenversunken in meine Badewanne schüttet. Er mustert mich noch immer sehr ungläubig. Ich sage kein Wort. Die frische Luft durch die offene Tür und das kalte Wasser tun gut, so überhitzt, wie ich mich fühle.

Vor allem aber genieße ich Alberts verteidigenden Worte: „Die ist wirklich meine Schwester und echt okay." Sein Tonfall macht deutlich, dass „okay" sehr anerkennend gemeint war. Damit scheint die Diskussion beendet, und sie verlassen das Badezimmer.

Gleichzeitig wird mir aber auch bewusst: Ab übermorgen bin ich wieder allein. Und ich muss weiter, hier kann ich nicht bleiben. Brauche irgendein billiges Zimmer, muss packen, umziehen, Entscheidungen treffen und alles, was ich will, ist schlafen.

September

PUERTO DE LA CRUZ, TENERIFFA. Von der atemberaubend schönen Finca in ein einfaches Hotel mitten in der Stadt. Geblieben von den letzten zwei Wochen sind mir die Erinnerung an einen perfekten Start auf der Insel und eine große Tüte voller reifer Avocados, die ich nun mit Plastikbesteck auf einem Pappteller in meinem Bett zu Guacamole zu verarbeiten versuche. Der Schwierigkeitsgrad dieses Vorhabens steigert sich, als zuerst der Stiel der Gabel und dann der des Messers abbricht, und das lange bevor ich die Zwiebel und den Knoblauch fertig schneiden und die Avocados zerdrücken konnte. Kurz frage ich mich, warum ich mein glückliches Leben auf Gozo mit bestens ausgestatteter Küche und all den anderen Annehmlichkeiten wie Freunden und einer vertrauten Umgebung aufgegeben habe, nur um hier wieder in einem Hotel von vorn zu beginnen. Die Antwort liegt genau darin: Raus aus der eigenen Komfortzone. Weg vom vertrauten Umfeld, bin ich plötzlich wieder wach wie ein staunendes Kind. Auf einmal sehe ich wieder all das Wundersame und Schöne: sehe die Schmetterlinge, rieche die Blumen und das Meer, obwohl ich all das auch zu Hause hatte.

Mein Hotel liegt in der Fußgängerzone der Altstadt von Puerto de la Cruz zwischen Restaurants, Cafés und Bars, aus denen ich Tag und Nacht Stimmengewirr, klappernde Teller oder Fußballübertragungen höre. Genau hier begann der Tourismus auf den Kanarischen Inseln: Ende des 19. Jahrhunderts eröffneten erste Hotels in ehemaligen Herrenhäusern, von denen das „Marquesa" und das „Monopol" heute noch in Betrieb sind. Im späteren „Marquesa" verbrachte 1799 schon Alexander von Humboldt als Gast des damaligen Besitzers eine Woche auf Teneriffa, bevor er zu seiner fünfjährigen Forschungsreise nach Südamerika aufbrach. Das berühmte „Taoro Grand Hotel" wurde 1893 mit seinen mehr als hundert Zimmern fertiggestellt. Vor allem die britische Oberschicht zog sich damals gern dorthin auf den Hügel vor der Stadt zurück und genoss das heilsame Klima der Insel.

Auch hier verschandeln seit den 1970er-Jahren viele Hotelklötze das Stadtbild, doch die Altstadt hat sich einen hübschen Kern erhalten mit einem Mix aus prächtigen Bauten im Kolonialstil und Gassen voller bunter Häuschen.

Ich fühle mich täglich besser. Morgens wache ich zeitig auf, packe meinen Kamerarucksack und genieße die Freiheit, entscheiden zu können, wo und wie ich meinen Tag verbringen möchte. Schon bald habe ich kleine Rituale in meinen Tagesablauf eingebaut, die mir schnell ein Gefühl von Alltag geben. Zuerst kaufe ich zwei Croissants beim Bäcker in meiner Gasse, dann einen „Cortado leche leche" und einen „Café con leche" in der Bar um die Ecke. Der Espresso mit Milch und einer Schicht dickflüssiger gesüßter Kondensmilch ist für mich, der große Kaffee mit Milch für Fernando.

Auf dem Weg zum Busbahnhof halte ich jeden Morgen an seinem Touristen-Infostand, wo er schon mit ausgestreckten Armen auf mich, oder vielmehr den Kaffee, wartet und dabei, statt mich zu begrüßen, nur das Wort „Kaffee" wiederholt, wie ein Verdurstender, der nach Wasser lechzt. Nach einigen Schlucken dann sein erleichtertes: „Ah, danke, du hast mich gerettet! Zumindest meinen Tag."

Fernando ist Bolivianer, und seine langen schwarzen Haare passen gut zu seinem gütigen Indianergesicht. Fast täglich zeigt er mir Fotos von seiner fünfjährigen Tochter, die er – hat er Glück und das Geschäft läuft gut – einmal im Jahr besuchen fliegt.

„Warum holst du sie und deine Frau nicht auch auf die Kanaren?", frage ich.

„So gut läuft das Geschäft nun auch wieder nicht. Und ihre Heimat ist Bolivien." Nach einer Pause ergänzt er: „Meine auch." Er lebt seit zwölf Jahren auf Teneriffa und betreibt einige dieser kleinen Stände hier in Puerto de la Cruz und im Süden von Teneriffa. Obwohl er seine pauschalen Tagesausflüge verkaufen will, stellt er mir jeden Morgen eine Reiseroute zusammen und erkundigt sich jeden Abend ernsthaft interessiert, wie mir sein Vorschlag gefallen hat. Ich mag es, dass mein Tagesablauf durch unsere Gespräche einen Rahmen bekommt. An manchen Tagen sehe ich so schöne Dinge, dass ich platzen würde, wenn ich sie abends niemandem erzählen könnte.

Wann immer ich vor Einbruch der Dunkelheit zurück nach Puerto de la Cruz komme, gehe ich für ein kurzes Bad zum Playa Jardín, benannt nach dem öffentlichen Garten direkt dahinter. Entworfen hat ihn – genau wie die künstlich angelegte Badelandschaft Lago Martiánez am anderen Ende der Stadt – der Landschaftsarchitekt und Künstler César Manrique.

Dorffest in Buena Vista. Ältere Ehepaare tanzen unter einem Dach aus Hunderten von roten Fahnen, die den gesamten Dorfplatz überspannen. Dabei strahlen sie diesen typisch spanischen Stolz aus, den ich oft schon bei Fiestas auf Mallorca beobachtet hatte: die aufrechte Haltung, ihre Körperspannung und der ernste Blick, darauf bedacht, dass jeder Schritt perfekt sitzt. Als seien sie auf einem Tanzwettbewerb, bei dem jederzeit die Jury ihre Punktetafeln hochhalten wird. Pink scheint die Farbe der Saison zu sein: Jeder Fünfte der Herren trägt ein pinkfarbenes, perfekt gebügeltes Hemd. Fast jede der Damen trägt ein Kleid. Die jüngere Generation sitzt auf weißen Plastikstühlen, die im großen Kreis um die Tanzfläche aufgestellt sind, während die Kinder wiederum um diesen Kreis rennen. Der Platz ist wie eine bildliche Darstellung eines ewigen Kreislaufs: Bald werden die Kinder aufrücken in den Stuhlkreis und schließlich auf die Tanzfläche, und die Generationen, die zuvor dort waren, werden ihnen Platz machen.

Auf dem Rückweg fühle ich mich wie in einem Schulbus. Statt mit schnatternden Kids ist er mit hübsch gekleideten, vollleibigen Großeltern gefüllt. Die Männer übertrumpfen sich mit ihren Scherzen, und ihre Ladys lachen gebührend darüber. Schnell ist der Klassenclown gewählt: noch vollleibiger als die anderen, die wenigen verbleibenden Haare stoppelig nach oben frisiert, pinkfarbenes Hemd.

„Oye chicos", ruft er durch den Bus, „warum habe ich die zwei schönsten Frauen?" Kunstpause. „Weil ich sie beide glücklich machen kann!"

Die zwei gemeinten Frauen prusten gleichzeitig los vor Lachen, als stimmten sie dem nicht ganz zu. Die ersten Sitzreihen sind noch frei, obwohl der Bus mittlerweile fast voll ist. Beim Einsteigen zeigt ein Herr auf das Hinweisschild in der ersten Reihe, auf dem ein weißes gebücktes Männchen mit Krückstock auf blauem Hintergrund abgebildet ist. Er zeigt uns demonstrativ einen Piepvogel, schüttelt den Kopf und fängt dann an, sich tanzend zu drehen. Die Arme nach oben gestreckt, tänzelt er einige Reihen weiter. Wir klatschen, einige imitieren seine Tanzbewegungen im Sitzen. Ganz klar: Hier will niemand als buckliger Alter auf einen Extrasitz abgeschoben werden – hier wollen sie tanzen.

Am nächsten Morgen bin ich wieder in Buenavista del Norte, wenn auch nur am Busbahnhof zum Umsteigen. Von hier aus fahre ich im Kleinbus weiter zum Bergdorf Masca hinauf. Mit jedem Höhenmeter werden die Serpentinen steiler, die Häuser weniger, die Bäume zunächst mehr und dann ebenfalls weniger, bis schließlich fast nur noch Palmen und Kaktusfeigen wachsen. Plötzlich eine scharfe Linkskurve, und die Aussicht verschlägt mir den Atem: die hohen, schroffen Berge, das tiefe Tal, die steilen Klippen, das Meer und die klare Sicht bis nach La Palma.

Viel zu schnell ist die Fahrt zu Ende. Ich könnte noch stundenlang durch die Berge chauffiert werden. Ich schaue auf mein „Bono Via Ticket“, eine Art Prepaid-Karte: Nur sechzig Cent hat die Fahrt ab Buenavista gekostet.

Der Ort Masca ist winzig und touristisch – mit wenigen Cafés, Restaurants und einem Souvenirshop: Hübsch, aber beeindruckender bleibt die Fahrt hierher. Und der Abstieg ans Meer, den Fernando mir dringend empfohlen hat. Genau genommen hatte er gesagt, ich brauche ihm nicht mehr unter die Augen zu treten, wenn ich da nicht runtergehe.

Das habe ich nun davon: Ich bin nicht sicher, ob es an einem beginnenden Sonnenstich liegt, aber durch das Gestrüpp sehe ich ein nacktes Hinterteil. Dann noch eins. Dazu ein paar verschwitzte, mehr oder weniger behaarte Bierbäuche. Im Gegensatz zu den Besitzern der Bäuche sehe ich auch, was darunter baumelt und aus deren Perspektive sicher von der teilweise gewaltigen Rundung verdeckt wird.

Das Tempo der fünf Herren ist langsamer als meine bevorzugte Geschwindigkeit, weil sie sich dazu berufen fühlen, jedem vorbeilaufenden bekleideten Wanderer in feinstem Sächsisch oder versuchtem Spanisch erklären zu müssen, warum man „leben muss, wie Gott einen schuf, um wirklich frei und glücklich zu sein“. Ob Gott dabei Bier und

McDonald's schon eingeplant hatte? Auch wenn ich ihre Meinung durchaus teile, dass man sich nicht zu viel von den Erwartungen der anderen beschränken lassen sollte, bezweifle ich, dass es diesen Herren wirklich darum geht. Wäre es so, könnten sie doch alle anderen, die in der Öffentlichkeit lieber bekleidet herumlaufen, ebenfalls genau so akzeptieren, wie sie sind. Ich vermute, es geht in Wahrheit um Aufmerksamkeit, und die möchte ich ihrer Missionierungsarbeit nicht schenken. Nun habe ich zwei Möglichkeiten: sie überholen, was in einer schmalen Schlucht kaum ohne Kontakt möglich ist, oder warten, bis sie einen ausreichenden Vorsprung haben. Ich entscheide mich für ein ausgedehntes Picknick. Danach klettere ich allein weiter über große und kleine Steine bis zur Bucht, von der aus ich mich zufrieden und mit beginnendem Muskelkater im Boot nach Los Gigantes fahren lasse.

„Ich habe einen Delfin gesehen! Fernando, mein erster Delfin im offenen Meer!" Abends kann ich kaum aufhören, Fernando davon vorzuschwärmen, dass ich auf dem Rückweg im Boot in der Ferne einen Delfin entdeckt habe.

„Ach, Lisa, du bist so schön begeisterungsfähig. Willst du nicht für mich arbeiten? Du müsstest nur an einem Stand in der Hotellobby sitzen und Urlauber über unsere Tagesausflüge informieren."

„Aber dazu müsste ich die Touren doch erst einmal selbst gemacht haben."

„Gutes Argument." Wir verhandeln ein wenig und einigen uns dann darauf, dass ich jeden geraden Tag einen Tagesausflug auf seine Kosten mache und jeden ungeraden auf Provisionsbasis für ihn in der Hotellobby die Ausflüge vertreibe. So werde ich ungeplant beides: Pauschaltouristin und Teil der arbeitenden Bevölkerung hier.

Vollklimatisierter Reisebus. Deutsche Reiseleitung. Durchschnittsalter siebzig. Mein erster Tag als Pauschalurlauberin hatte begonnen. Da sitze ich also nun in einem Bus voller deutscher Rentnerpärchen auf dem Weg ins Anaga-Gebirge zu einer „leichten bis mittelschweren" Wanderung. „Ein Paradies für Naturliebhaber", versprechen wir in unserem Prospekt.

Der Bus ist so komfortabel ausgestattet, dass man damit locker quer durch Europa fahren könnte. Solch ein Langstrecken-Gefährt wirkt auf der kleinen Insel genauso deplatziert wie ich in dem Bus. Wie bin ich nur hier reingeraten? Das scheint sich auch die Reiseleiterin zu fragen. Beim Einsteigen erkundigt sie sich drei Mal, ob ich wirklich sicher sei, im richtigen Bus zu sitzen.

Fröhliche Erwartung liegt in der Luft wie zu Beginn einer Klassenfahrt; nur weniger laut und rüpelhaft geht es zu. Statt Schokoriegeln werden geschnittene Äpfel aus Tupperdosen gepackt. Kein MP3-Player dröhnt, dafür warte ich jeden Moment darauf, dass alle einstimmen und inbrünstig „Das Wandern ist des Müllers Lust" singen. Ich werde verschont und bin fast ein wenig enttäuscht.

Es wird ein schöner Tag. Die Landschaft ist atemberaubend; die Stimmung top. Ein Hobby-Botaniker verbreitet so viel Begeisterung für jeden Farn und jede Kanaren-Glockenblume, dass wir geschlossen alle paar Meter stehen bleiben, um „Ohh!" und „Ahh!" sagend auf hübsches Grünzeug zu starren. Über was genau wir uns freuen, ist mir nicht wichtig. Wie erfrischend, von Menschen umgeben zu sein, die sich ernsthaft freuen können. Begeisterung steckt an – egal, wofür. Mich erinnert unsere Wanderung an eine Muschelsuche am Strand: Ständig wechselt unser Fokus vom nahen Detail in die ferne Landschaft mit all ihren grünen Tälern, schroffen Bergen und der steil abfallenden Küste. Dass es hier ganz sicher Trolle und Kobolde gibt, teilt uns unsere Reiseleiterin eher beiläufig mit.

Meine geraden Arbeitstage sind genauso anspruchslos wie vermutet, dafür angenehm kurzweilig und eine nette Kontaktbörse. Die meisten Urlauber verlassen sich auf meine Empfehlungen oder kommen schon mit einer konkreten Vorstellung zu mir, welchen Ausflug sie buchen wollen. Besonders gern mag ich diejenigen, die nach der Tour wiederkommen, um mir zu berichten, wie es ihnen gefallen hat. Manchmal geraten wir dabei so ins Schwärmen, dass andere, die uns dabei belauschen, die gleiche Tour buchen. Ich genieße den Austausch, schließlich habe auch ich die Fahrten erst wenige Tage zuvor zum ersten Mal gemacht.

Da ich mit meinem Stand in einer Ecke der Hotellobby sitze, habe ich viel Kontakt zu Teresa und Antonia von der Rezeption. Die beiden sind etwa in meinem Alter und könnten gut Schwestern sein: Sie ähneln sich nicht nur dadurch, dass sie ihre braunen langen Haare stets zusammenbinden und die gleiche Arbeitskleidung tragen, auch ihre Mimik und Gestik sind ähnlich.

Teresa kann gar nicht glauben, wie ich zu meinem Job gekommen bin: „Weißt du, wie schwierig es hier ist, eine Anstellung zu finden?“

„Ich habe etwas von über dreißig Prozent Arbeitslosigkeit gehört“, antworte ich.

„Schon richtig“, ergänzt Antonia, „im Durchschnitt, aber weißt du, wie hoch die Arbeitslosigkeit bei jungen Leuten ist?“ Ich schüttle den Kopf, und sie antworten einstimmig: „Siebzig Prozent!“

„Trauriger neuer Rekord! Und die wenigen, die einen Job haben, sind meist überqualifiziert. Kennst du Inés?“, fragt mich Antonia.

„Nein."

„Sie putzt hier die Zimmer, dabei hat sie erst ihre Masterarbeit abgegeben."

„Ihr Fehler war, dass sie Kunstgeschichte studiert hat, weil es sie interessiert, aber nichts, was man hier braucht."

„Ja, hätte sie Tourismus studiert, dann hätte sie wenigstens an der Rezeption anfangen können." Darüber sind sich Teresa und Antonia einig.

Oft lassen wir den Arbeitstag zusammen in einer Bar an der Plaza del Charco ausklingen oder essen in einem der urigen Restaurants in der bunten Calle del Lomo. Dabei bleibt die Perspektivlosigkeit der kanarischen Jugend ein häufiges Gesprächsthema der beiden – vor allem aber reden sie gern über ihr eigenes Glück, dieser entgangen zu sein. Sie wirken zufrieden mit ihrem Leben; wünschen sich Mann, Kind und Eigenheim. Teresa schwärmt davon, dass sie den passenden Heiratskandidaten bereits gefunden hat; es läuft gut – nur fragen muss er sie noch.

An einem anderen ungeraden Tag liege ich auf dem Bauch ganz vorn im Netz eines Katamarans und schwebe über die Wellen. Dass mir der beste Platz auf dem gesamten Boot zugeteilt wurde, liegt am Mitleid der Besatzung, dass ich als Einzige ohne Begleitung hier bin. Crewmitglied und Walexperte Rodrigo hatte das bemerkt, als beim Boarden jede Familie oder jedes Paar zusammen fotografiert wurde und ich auf die Frage, mit wem ich hier sei, wahrheitsgemäß geantwortet hatte.

„Oh, tut mir leid. Wie schwer bist du?"

Ich wurde nicht schlau aus seiner Antwort, vor allem nicht aus dieser merkwürdigen Kombination von seinem Bedauern über mein Singledasein und seiner Frage nach meinem Gewicht. Wäre ich schwer wie einer der Wale, könnte ich vielleicht einen – wenn auch nicht sehr netten – Zusammenhang herstellen.

„Wie schwer?“, fragt Rodrigo wieder und scheint zufrieden mit meiner Antwort, denn jetzt deutet er mit einer verschwörerischen Kopfbewegung in Richtung Bug. Das war es also: Ich darf in einem der beiden Netze Platz nehmen, das andere bekommen zwei Kinder.

Ich scanne konzentriert die gesamte Wasseroberfläche ab, meine Augen wandern hin und her und versuchen, so weit wie möglich zum Horizont zu schauen. Ich weiß nicht einmal genau, wonach ich Ausschau halten muss. Nach einer Schwanzflosse vielleicht, die ins Meer abtaucht, oder einem großen grauen Fleck unter der Oberfläche? Delfine und Wale auf offenem Meer zu sehen war lange ein Traum von mir.

Dann plötzlich, paff, genau unter mir. Wasser spritzt. Klitschnass starre ich ihn an, den Pilotwal direkt unter mir. Mein Herz rast vor Schreck. Damit habe ich nicht gerechnet, so unmittelbar und ohne Vorwarnung. Würde ich meinen Arm durch das Netz ausstrecken, könnte ich ihn berühren. Sein dunkler Körper erscheint mir riesig aus der Nähe, dabei ist er mit seinen maximal sieben Metern eher einer der kleineren Wale. Automatisch will ich die anderen rufen, doch ich unterdrücke diesen Impuls. Das ist mein Moment, ich will ihn für mich haben. Möchte nicht, dass sich die achtzig anderen Köpfe und Kameras um mich drängen. Noch nicht. Und so schweben der Wal und ich in gleicher Geschwindigkeit durchs und übers Wasser, manchmal weniger als einen Meter voneinander entfernt. In diesem Moment vergesse ich alles: die Ballerman-Musik, die über den Katamaran dröhnt, die Menschen hinter mir, die nach einem Übermaß an Sangría, Sonne und Seegang kotzend über der Reling hängen. Nur ich und der Wal und meine Ehrfurcht vor ihm. Meine Kamera bleibt im Rucksack, ich will den Moment aufsaugen, jedes Detail.

Erst langsam tauchen meine anderen Sinneswahrnehmungen wieder in meinem Bewusstsein auf: zuerst die kalten Wasserspritzer auf meiner Haut, die Geschwindigkeit und der Fahrtwind auf meinem Körper, dann die abwechselnde Leichtigkeit und Schwere bei jedem Auf und Ab mit den Wellen, die Hitze, mit der die Sonne auf meinen Rücken brennt, der Geschmack von Salzwasser auf meinen Lippen. Jetzt haben auch die Kids neben mir den Wal entdeckt und damit unsere Zweisamkeit beendet. Alle achtzig Menschen an Bord drängen sich nun um mein Netz, und Rodrigo ist damit beschäftigt, in allen denkbaren europäischen Sprachen die Leute davon abzuhalten, auf mein Netz zu treten. Nur er und ich wissen, dass ich dem Wal und vor allem der scharfen Unterseite des Katamarans sonst näher kommen könnte, als mir lieb ist. Sicherheitshalber – und weil es sich sonderbar anfühlt, nur im Bikini unterhalb all dieser Kameras über dem Wal zu liegen – klettere ich heraus und gebe meinen Platz und die Sicht für alle frei. Mein ganzer Körper ist überzogen von dem Abdruck des Netzes. Jetzt höre ich auch die Musik wieder, und der Moment ist vorbei.

Rodrigo bringt mir ein Glas Wein und setzt sich zu mir. Ich bin überrascht von seiner Feinfühligkeit.

„Du hattest Glück“, beginnt er das Gespräch, „so extrem nah kommen sie selten. Noch dazu war es ein besonders großes Exemplar. Pilotwale und der Große Tümmler sind hier ortsansässig. Wir beobachten sie fast täglich, oft auch zusammen und immer in Gruppen.“ Kaum hat er es ausgesprochen, taucht eine Gruppe Delfine neben uns auf.

„Was ist eigentlich der Unterschied zwischen Walen und Delfinen?“, frage ich.

„Kurz gesagt: Wir unterscheiden zwischen Bartenwalen und Zahnwalen. Bartenwale sind die ganz großen, wie der Blauwal oder der Finnwal, die sich von Plankton ernähren, das sie mit ihren Barten aus dem Wasser filtern, und Zahnwale sind die Räuber. Zu denen gehört auch die Familie der Delfine. Pilotwale gehören übrigens auch zu den Delfinen, genau wie Orcas."

„Gibt's die hier auch, Orcas?"

„Gelegentlich kommen sie bei ihren Wanderungen hier vorbei; genau wie Pottwale, Buckelwale, ja sogar Blauwale. Fast dreißig von insgesamt achtzig Walarten haben wir zwischen Teneriffa und La Gomera schon gesichtet."

„Warum so viele?"

„Das Wasser ist sehr tief, 1500 Meter und tiefer, und durch den kühlen Kanarenstrom sehr nährstoffreich." Rodrigo stellt sich weiter geduldig meinen Fragen.

„Stört es die Wale denn nicht, wenn hier täglich derart viele Boote rausfahren, um sie zu beobachten?"

„Das kann man nicht ausschließen, aber wir haben uns den Regeln der sanften Walbeobachtung verschrieben, mit klaren Richtlinien, wie weit wir uns ihnen aktiv nähern dürfen. Dann lassen wir sie zu uns kommen, wenn sie denn wollen."

Während er mir all das erzählt, schauen wir den Großen Tümmlern beim Spielen zu. Einige kommen sehr nah zu uns, andere springen aus dem Wasser. Als auf dem Rückweg nach fünf Stunden auf See die Sonne im Meer versinkt, fühle ich mich reicher, als ich heute Morgen aufgestanden bin.

Oktober

Je weiter mein zweiter Monat als Pauschalurlauberin voranschreitet, desto geringer wird die Auswahl an Tagesausflügen, die ich noch nicht gemacht habe. Mein Peinlichkeitsempfinden darüber, permanent Fähnchen und Schirmen von Reiseleitern hinterherzutrotten, sinkt langsam ebenfalls. Mittlerweile war ich schon zwei Mal auf dem Teide, doch leider war beide Male die Seilbahn auf den Gipfel gesperrt, weil der Wind oben zu stark wehte. Die Auffahrten lohnten sich trotzdem, denn schon der Ausblick von der unteren Seilbahnstation ist beeindruckend und die geführten Wanderungen durch den Teide-Nationalpark waren mit die schönsten, die ich bisher auf Teneriffa erlebt habe. Vor allem deshalb, weil die Augen einmal etwas ganz anderes sehen: andere Formen und Farben. Schroffe Felsen, scharfkantiges Geröll; braun und beige, stellenweise schwarz oder rötlich; in die Höhe ragende Felsmonolithe und verblühte Natternköpfe. Den imposanten Gipfel immer im Hintergrund. Als meine eindeutigen Städtefavoriten haben sich La Orotava und La Laguna herauskristallisiert. Beide haben eine hübsche Altstadt, und La Laguna ist als Universitätsstadt zusätzlich von gut gelaunten Studenten bevölkert. Schließlich mache ich nur noch jeden vierten Tag einen Ausflug und arbeite die anderen Tage, um meine Reisekasse aufzubessern.

Vom Plaza del Charco dringt Musik zu uns. Ausgelassene Menschen in Feierlaune ziehen an uns vorbei. Sie feiern den 12. Oktober, Spaniens Nationalfeiertag und Gedenktag an den Italiener Christoph Kolumbus, der – gesponsert vom spanischen Königshaus – am 12. Oktober 1492 Südamerika entdeckte.

„Feierst du heute?“, frage ich Fernando vorsichtig.

„Wieso sollte ich den Tag der Kolonialisierung feiern?“

„Warum feierst du dann nicht das Gegenteil, den Tag der Entkolonialisierung bei dir zu Hause?“ Präsident Evo Morales hat diesen Feiertag in Bolivien erst 2011 ausgerufen und sicher nicht zufällig auf den 12. Oktober gelegt. Genau wie Morales gehört Fernando dem Andenvolk der Aymara an und lebte im Altiplano, bevor er nach Teneriffa kam.

„Nein, den auch nicht, das Thema ist zu komplex, um es in Schubladen zu stecken“, antwortet er.

Während wir über die Armut in seiner Heimat reden, helfe ich Fernando dabei, den Stand zu schließen. Von jedem Flyer, den wir für den nächsten Tag gerade rücken, blicken uns lachende Urlauber entgegen: vor modernen Reisebussen, aus Freizeitparks, vom Katamaran oder Segelboot.

Er erzählt mir, dass er einmal im Jahr nach Bolivien fliegt, aber selbst dann ein schlechtes Gewissen hat, weil er weiß, dass seiner Familie das Geld für seine Flugtickets mehr helfen würde. Doch Fernandos größte Angst ist, dass seine Tochter ihn irgendwann nicht mehr erkennt.

„Wenn wir die Feiertage der anderen nicht mögen, warum erfinden wir dann nicht unseren eigenen?“, schlage ich vor.

„Welchen zum Beispiel?“, will er wissen.

„Den Tag der modernen Technik, die es uns erlaubt, mit unseren Familien und Freunden in Kontakt zu bleiben.“

Später in der Bar stoßen wir an: „Ein Hoch auf Skype!“

Jeden Mittag ruft ihn seine Tochter an, bevor sie in die Schule geht. Das immer selbe Ritual hatte ich schon mehrfach beobachtet:

„Hallo Papa.“

„Guten Morgen, mein Schatz, und viel Spaß in der Schule. Ich liebe dich."

„Muss los. Beso."

Auch seine Lippen formen jedes Mal eine Kussbewegung – die sie nicht mehr sieht, weil sie längst in die Schule hetzt.

„Ein Hoch auf Videotelefonie!"

La Gomera. Einer meiner erlebnisreichsten Ausflüge führt mich auf die kleine runde Nachbarinsel. Es ist noch dunkel, als ich zur Gruppe diesmal britischer Touristen in den Bus zum Fährhafen in Los Christianos steige. Die Insel ist schön. Innerhalb von Millisekunden habe ich entschieden, dass ich sie mag. Sie hat genau die richtige Größe, beeindruckend hohe Berge, tiefe Schluchten und einen Hauch von Mystik. Sie scheint eigenwillig und vielfältig; schwer zu durchschauen. Überwältigt von ihrer Schönheit, starre ich aus dem Fenster, als sich unser Bus Serpentine für Serpentine von der Hauptstadt San Sebástian in Richtung Inselmitte hinaufschraubt. Die steilen Hänge, die tiefen schmalen Täler, in denen Hunderte von hohen Palmen wachsen, vereinzelte Fincas; all das erwacht gerade im sanften Morgenlicht.

Baumheide und Lorbeer – bis zu dreißig Meter hoch – verschlucken jedes Geräusch. Die Bäume sind von Moos bewachsen, von dem winzige Wassertropfen perlen. Lange Bartflechten hängen von knorrigen Ästen. Das Licht wirkt grünlich im Nebel. Ein Wald, wie geschaffen für Feen, Trolle und Elfen, die sich vermutlich unter den meterhohen Farnen oder zwischen Glockenblumen und Enzian verstecken. Könnte ich doch nur länger und vor allem allein hierbleiben. Fünf Reisebusse stehen auf dem Parkplatz, von dem der kleine Rundweg durch ein Stück des Lorbeerwaldes im Garajonay-Nationalpark führt. Der Park bedeckt zehn Prozent der Insel und besteht zum größten Teil aus kanarischem Urwald. Wie gern würde ich mehr davon entdecken, aber unser Tag ist straff organisiert.

Fahrt vorbei an weiteren Schluchten, Bergen und Tälern und alten Vulkanen, von denen nur noch der härtere Schlot übrig geblieben ist, nachdem der Kegel im Laufe der Zeit durch Erosion abgetragen wurde. Wir halten und staunen an jedem Aussichtspunkt, der groß genug für Busse ist. Ich fühle mich wie in einer japanischen Reisegruppe: schnell rausspringen, fotografieren, und zügig weiter zur nächsten Attraktion.

Unser Parkplatz vor dem Restaurant ist ausgewiesen für mindestens vier Reisebusse. Das „La Zula" in Agulo hat Kapazität für 320 Personen, und alle Plätze sind restlos belegt. Brot und Mojo-Soße stehen schon auf den Tischen. Die Botschaft: Nicht trödeln, gleich kommen die Nächsten. Durch die große Glasfront sehen wir den Teide. Er wirkt so nah, als würde er auf dieser Insel stehen. Eine Kartoffelsuppe und ein nicht eindeutig zu identifizierendes Reis-mit-Fleisch-Gericht später haben wir von unserer Reiseleiterin einiges über die Pfeifsprache El Silbo gelernt, die für La Gomera charakteristisch ist. Jetzt weiß ich zum Beispiel, dass sich die Pfeifenden damit in einer Entfernung von bis zu acht Kilometern verständigen können. Der Nutzen davon leuchtet mir ein, wenn ich an die vielen unwegsamen Schluchten denke, die wir heute Vormittag gesehen haben. Noch heute benutzen einige Hirten auf La Gomera diese Art der Kommunikation, denn nicht überall gibt es Handyempfang. Um El Silbo vorm Aussterben zu bewahren, lernen die Kinder es heute in der Schule.

Während wir unser abgepacktes Eis als Nachtisch löffeln, führt uns eine junge, kräftige Kellnerin El Silbo vor.

Mein Sitznachbar kommentiert: „Wenn die Kleinen dann

doch keine Hirten werden, können sie wenigstens in den Touristen-Restaurants als Kellner anfangen."

Das Mädchen kann Begriffe und Sätze in beliebigen Sprachen pfeifen, die wir ihr zurufen, und das, obwohl El Silbo aus nur zwei Vokalen und vier Konsonanten besteht. Es ist also keine eigenständige Sprache mit eigenen Vokabeln, sondern die Umsetzung einer gesprochenen Sprache in Pfeiflaute. Wir lassen sie „Guten Tag!" pfeifen, und die Betonung, Länge der Vokale und der Rhythmus zwischen der gesprochenen und der gepfiffenen Variante stimmen überein. Auch wir Laien können dadurch eindeutig „Guten Tag" von „Guten Abend" unterscheiden.

Damit wir ihnen auch wirklich glauben, dass sie sich auf diese Art verständigen können, folgt nun das Finale der Vorstellung: Die Kellnerin sammelt einige persönliche Utensilien von Gästen ein und teilt sie an andere wieder aus. Ein älterer Brite bekommt den Schal einer Schwedin, ein Cap wechselt seinen Besitzer, und eine verdutzte Omi wird gebeten, sich an den Tisch einer anderen Reisegruppe zu setzen. Ich ahne, was folgt; die ältere Dame offensichtlich nicht. Energisch wehrt sie sich, doch dafür ist keine Zeit, sie wird umgesetzt und damit basta. Jetzt pfeift die Kellnerin ihren gestressten Kollegen aus der Küche herein, und die beiden zwitschern sich zu wie Kanarienvögel. Ich frage mich, ob der Name Twitter von El Silbo inspiriert wurde; denn auch hier liegt der Schlüssel in der Kürze der Aussagen. Er befolgt ihre gepfiffenen Anweisungen: pinkfarbener Schal wieder an blonde Frau ganz hinten rechts, Cap zurück zum Mann im grauen Hemd, verdutzte Dame zurück an ihren Tisch 67. Oder so ähnlich, die Übersetzung verstehe ich schließlich nicht. Wir beobachten nur, wie der Koch hin und her rennt, um alles wieder zurück an seinen Platz zu schaffen. Alle applaudieren, Ende der Vorstellung.

Als es ruhiger wird, frage ich einen anderen Kellner, ob er mir zeigen kann, wie man diese lauten Pfeiftöne produziert. Genau wie er es mir vormacht, stecke ich mir den Knöchel meines linken Zeigefingers in den Mund, klappe meine Zunge nach oben und stoße Luft aus. Und ich höre – nichts. Höchstens ein lispelndes Zischen. Er lobt mich, wie ein Grundschullehrer seinen Schüler lobt, der zwar nichts gelernt, es aber immerhin versucht hat. Jetzt soll ich meine rechte Hand zusätzlich als Schalltrichter um meinen Mund legen und meine Lippen abwechselnd in die Breite ziehen und spitzen. Ich weiß nicht, ob ihm bewusst ist, wie viel grotesker mein Versuch damit noch geworden ist: Wo kein Schall ist, da kann auch keiner verstärkt oder moduliert werden. Vielleicht wollte er nur meine albernen Grimassen sehen; als Rache dafür, dass er sich hier jeden Tag für Hunderte Touristen die Hacken abrennt und dann von den meisten doch kein Trinkgeld bekommt, weil das Mittagessen im Preis für den Tagesausflug bereits enthalten war. Oder aber, er hat meine Begabung für diese Laute einfach überschätzt.

Wie man es schaffen kann, dabei nicht zu spucken, bleibt mir nach meinem Selbstversuch ebenfalls unklar. Eigentlich ist das aber auch egal, denn man braucht es schließlich nur, wenn sich der Gesprächspartner außerhalb der Spuckweite auf der anderen Seite einer Schlucht befindet und – heutzutage – Telefon, Skype, Facebook, WhatsApp und alle anderen Messenger gleichzeitig ihren Dienst verweigern. In Kombination mit der Schlucht also eher eine seltene Situation.

Zurück in San Sebástian überkommt mich der starke Wunsch, zu bleiben. Insgeheim bin ich enttäuscht, ausgerechnet das Valle Gran Rey nicht besichtigt zu haben, auf das ich besonders gespannt war. Mit jedem Schritt in Richtung Fähre werde ich langsamer, obwohl die Zeit drängt. Ich erinnere mich an die Worte der Reiseleiterin: „Seid ihr nicht pünktlich an der Fähre, fahren wir ohne euch." Das ist die Lösung. Ich bleibe einfach. Zwar habe ich all meine Sachen auf Teneriffa und muss morgen arbeiten, aber das ist mir egal. Ich bin fasziniert von der landschaftlichen Schönheit der Insel und habe noch lange nicht genug gesehen, um sie erfüllt zu verlassen.

Ich treffe das Ehepaar aus Bristol, mit dem ich mittags am Tisch gesessen habe. Sie sollen der Reiseleiterin ausrichten, dass ich nicht mit zurückfahren werde. Von Verständnis für meine Aktion sehe ich keine Spur in ihren verwirrten Gesichtern.

„Aber es ist doch die letzte Fähre."

Ich: „Ich habe gehört, morgen soll es wieder welche geben."

Er: „Und wir haben doch alles gesehen."

Ich: „Ich nicht."

Er: „Aber wir haben doch das gleiche ..."

Ich: „Aber ich wollte mehr."

Sie: „Aber dann verpassen Sie doch das Abendessen."

Jetzt fällt mir nichts mehr ein. Wenn in einem kurzen Gespräch derart viele Sätze mit „aber" beginnen, sollte man besser aufgeben.

Ich rufe Fernando an.

„Kein Problem, dann komm übermorgen ins Hotel. Und geh zu María, da kannst du essen und schlafen."

„Wer ist María?"

„Die ist in La Playa im Valle. Frag einfach, kennt jeder."

Das Valle Gran Rey liegt auf der anderen Seite der Insel, aber ob jetzt noch ein Bus fährt, weiß ich nicht. Bevor ich weiter darüber nachdenken kann, kommt meine Lösung auch schon angefahren: ein rostiges altes Auto, in Regenbogenfarben mit Spiralen bemalt. Ich strecke nicht einmal meinen Daumen aus, sondern schaue sie nur an, noch unentschlossen, ob ich da wirklich mitfahren will. Zu spät für die Überlegung, sie halten und kurbeln das Fenster herunter. Die Reggae-Musik wird lauter. Süßlicher Rauch steigt mir entgegen. Ich will nicht mit.

Die Mädels auf den hinteren Sitzen rücken zusammen, eine öffnet mir die Tür: „Komm, steig ein!"

Und ich steige ein. Wir sprechen nicht darüber, wo sie hinfahren. Es scheint zu offensichtlich. Mein Gurt klemmt.

„Der geht nicht", kommentiert das Mädchen neben mir, „du vertraust dem Leben zu wenig. Lulu." Sie reicht mir die Hand.

„Lisa."

Lulu stellt mir die anderen vor: „Carlos, Mo und Renate."

„Klingt deutsch", sage ich zu Renate.

„Sí, cariña", antwortet sie mir auf Spanisch. „Suchst du das Licht?", fragt Renate mich nach einer peinlich langen Pause. Die Pause nach ihrer Frage wird noch peinlicher und länger, weil mir eine Antwort darauf nicht einfallen will. „Wenn ja, wirst du es hier finden, cariña." Sie sieht mich so gütig wie möglich an, und ich will aussteigen. Nicht als typischer La-Gomera-Aussteiger, sondern einfach nur aus dem Auto. Aber wir befinden uns irgendwo in der Mitte der Insel, und andere Mitfahrgelegenheiten sehe ich weit und breit keine. Außerdem bin ich dann doch zu neugierig, wie der Abend weitergehen wird. Lulu greift meine Hand und fährt mit ihrem Zeigefinger die Linien meiner Handinnenfläche entlang. Dabei sagt sie ein paar Mal „Oh!" oder „Ah!", doch keine Erklärung folgt.

Ich erinnere mich an die Worte von Thomas und Anna, dass hier auf La Gomera, vor allem im Valle Gran Rey, eine andere Art von Aussteigern lebt als auf La Palma. Beide wollten mir nicht genau sagen, wie sie sich unterscheiden. Ich sollte mir meine eigene Meinung bilden. In diesem Moment versuche ich angestrengt, damit nicht zu schnell zu sein.

„Kannst du trommeln?“, unterbricht Mo meine Gedanken.

„Nein.“

„Dann siehst du heute einfach zu.“

Heute? Was denken die denn, wie lange ich bleibe? Ich wollte doch nur trampen, um noch schnell den Sonnenuntergang im Valle Gran Rey zu sehen – nach allem, was ich darüber gehört habe, wie er zelebriert wird.

Doch wir fahren nicht zum Strand, sondern halten weiter oben an einer abgelegenen, halb verfallenen Hütte. Bestimmt zwanzig andere sind schon da. Einige sitzen im Kreis, andere trommeln, und wieder andere tanzen zu den Rhythmen vor sich hin und scheinen alles um sich herum ausgeblendet zu haben. Die Musik ist fröhlich, die Stimmung ausgelassen. Eine Frau wirbelt sich und ihr Baby im Tragetuch so abrupt im Kreis herum, dass ich hoffe, das Köpfchen des Babys bleibt dabei heil. Die meisten tragen bunte Leinenkleidung, weite Pumphosen oder Kleider.

Lulu, Mo, Carlos und Renate führen mich zu denen, die im Kreis auf dem Boden sitzen.

„Wie schön, dass dein Weg dich zu uns geführt hat. Willkommen“, sagt einer und steht auf, um mir zur Begrüßung die Hand zu geben.

„Willkommen“, wiederholen die anderen.

Ich schaue in die Runde. Jeder lächelt mir zu, manche legen ihre Handflächen zusammen und verbeugen sich leicht zur Begrüßung. Viele sehen deutsch aus.

Der Oberhäuptling steht mir noch immer erwartungsvoll gegenüber, alle Augen sind auf uns gerichtet. „Was führt dich zu uns?“, will er wissen. Er spricht plötzlich deutsch. Meinte er nicht eben noch, „mein Weg“ habe das von selbst für mich erledigt?

Ich brauche eine Antwort und versuche es mit der Wahrheit, nun ebenfalls auf Deutsch: „Meine Neugier, schätze ich, und der Zufall.“ Bei „Zufall“ deute ich auf meine Fahrer.

Augenblicklich schlägt seine Stimmung um. Auf eine mir nicht ganz schlüssige Art habe ich mich mit dieser Antwort disqualifiziert. Er legt los: „Neugier, Neu-Gier, Gier“, wiederholt er, „spürst du denn nicht, dass darin die Gier enthalten ist?“

Oje, wie komme ich da nur wieder raus? Jetzt ist er richtig in Fahrt. Es folgt ein weiterer belangloser Wortschwall mit übertrieben großer Gestik, die, statt die Dramatik des Gesagten zu steigern, nur seine Peinlichkeit hervorhebt. Je mehr er sich in Rage redet und je energischer ihn die anderen beklatschen, desto unwohler fühle ich mich. Seine Stimme wird lauter mit jedem Satz.

„Du bist hier, weil du bereit warst, dich von der Insel finden zu lassen. Wer einmal von ihr gesehen wurde, der geht nie mehr von hier fort.“

Bitte was? Die anderen applaudieren. Das war wohl das Finale.

Er setzt sich wieder und sagt noch einmal sanft: „Willkommen!“ Auch ich setze mich, plane aber meine Flucht.

Später setzt sich Mo zu mir, so nah, dass es mir unangenehm ist. Sein Atem riecht nach Alkohol, und ich schätze seine Zurechnungsfähigkeit als nicht mehr sehr hoch ein. Er legt seinen Arm um mich. Nicht zärtlich, vielmehr stützt er seinen drogenschweren Körper auf mir ab. Ich stoße ihn weg.

„Hey! Sei nicht so verkrampft, German Lady.“

Mir reicht es, ich habe genug von dieser Veranstaltung

und all den glasigen Augen um mich herum. Ich will nur noch weg. Ich hatte eine romantischere Vorstellung davon, wie die letzten Hippies hier leben.

Keine Ahnung, wohin genau, aber ich laufe los in Richtung Meer. Ich will zu dieser María, von der mir Fernando erzählt hatte, und „La Playa“ als Ortsangabe klang eindeutig, als müsste ich bergab laufen. Es dauert nicht lange, bis ich mich wieder auf der Hauptstraße des Tals befinde. Ich bin erleichtert, dass ich jetzt nur noch der Straße folgen muss, denn genau in diesem Moment hat die Taschenlampenfunktion den Akku meines Handys vollständig leer gesaugt. Mit jedem Schritt fällt die Anspannung von mir ab, von der ich nicht einmal wusste, dass ich sie hatte. Vielleicht war es auch einfach eine Reizüberflutung, zu viele Eindrücke für einen einzigen Tag. Die Luft ist mild und der Himmel klar. Aus den wenigen noch beleuchteten Häusern rechts und links am Hang dringt gerade so viel Licht, dass sie mir ein sicheres Gefühl geben, aber noch so wenig, dass ich glaube, jeden einzelnen Stern im Universum sehen zu können.

Ich komme durch das Künstlerdorf El Guro und scheine der einzige Mensch zu sein, der noch wach ist. Ein Hund bellt, Palmen rascheln im Wind, sonst ist es still. Kaum zu glauben, dass erst vor gut einem Jahr sechzig Prozent aller Häuser hier niederbrannten. Am 4. August 2012 wurde das Feuer an drei verschiedenen Stellen im Inselinnern gleichzeitig gelegt und konnte tagelang nicht unter Kontrolle gebracht werden. Am 12. August drehte der Wind. Es war damals auch kurz vor Mitternacht, als in nur zwölf Minuten alle Siedlungen hier im oberen Valle Gran Rey in Flammen standen. Verletzt wurde niemand, da die Bewohner zuvor evakuiert worden waren, aber als sie in den nächsten Tagen zurück nach El Guro kamen, hatten sie alles verloren. Erst nach drei Monaten galten die Brände offiziell als gelöscht.

Acht Prozent der gesamten Insel hatten sie bis dahin verwüstet. Jetzt sind die meisten Häuser wieder aufgebaut, die Fassaden strahlen in sauberem Weiß; an den Palmen erinnert nur noch der schwarze Stamm daran, dass sie einmal gebrannt haben. Vielleicht sieht das Bild bei Tag anders aus, aber in der Nacht wirkt der Ort friedlich und schön.

Kaum lasse ich die letzten Häuser hinter mir, sehe ich in der Ferne ein kleines Stück vom Meer, das im Mondlicht silbern funkelt. In La Calera folge ich dem Straßenschild nach rechts in Richtung La Playa.

Mit „María", stellt sich heraus, meinte Fernando die „Casa María": ein schlichtes weißes Haus am schwarzen Strand, auffällig ursprünglich im Vergleich zu den modernen Apartmentanlagen in der Nähe. Die selbstbewusste kanarische Livemusik höre ich schon von Weitem. An einem Tisch sitzen fünf ältere Herren, vier spielen Gitarre, einer spielt Akkordeon, und eine Frau singt leidenschaftlich dazu. Passanten bleiben stehen und tanzen auf der Straße. Pepe hat ein Zimmer für mich frei, und die Küche ist auch noch geöffnet. In manchen Momenten kann ich kaum glauben, wie großartig mein Leben ist.

Den Vormittag verbringe ich damit, zwischen dem Playa del Inglés und dem Hafen in Vueltas hin und her zu bummeln. Ich bin überrascht, wie touristisch dieser untere Abschnitt des Valle Gran Rey ist, wie modern die vielen Apartmentanlagen sind. Ich habe mir die Orte hier ursprünglicher und das Tal insgesamt kleiner vorgestellt. Am Nachmittag nehme ich den Bus nach San Sebastián und von dort die letzte Fähre zurück nach Teneriffa. Als La Gomera in der Ferne immer kleiner wird, denke ich noch einmal darüber nach, was für ein seltsames Fleckchen Erde das doch ist. Junge Gomerianer gehen zur Jobsuche in die große weite Welt und meinen damit Teneriffa. Dafür strömen Deutsche nach, die auch keinen Job haben, und stecken sich Blumen ins Haar; dann brauchen sie keinen Job mehr, weil sie etwas Wichtigeres gefunden haben: sich selbst oder die Erleuchtung.

Teneriffa. Nach sieben Wochen habe ich jede der Touren einmal gemacht. Fast hätte ich mich an diese Art des Reisens gewöhnen können. Alles ist organisiert, klimatisiert, wird erklärt, gezeigt und vorgeführt.

Auch in Puerto de la Cruz habe ich mich inzwischen so gut eingelebt, dass ich theoretisch bleiben könnte. Kein einziger Promoter spricht mich auf der Straße mehr an, dafür grüßen mich die alten Herren in weißen Hemden am Hafen. Ich weiß nicht genau, woran es liegt, aber sie akzeptieren mich jetzt als eine von ihnen. Vielleicht, weil ich meinen Urlauber-Schlendergang abgelegt habe, nicht mehr in Schaufenster schaue und zielgerichtet von A nach B gehe; die meisten Wege und einige Abkürzungen kenne ich jetzt. Für mich heißt das: Es ist Zeit, weiterzureisen. Fernando ist traurig, aber versteht es.

November

Lanzarote. Als unter uns Playa Blanca und dann die Papagayo-Strände auftauchen, habe ich noch keine Ahnung, dass sie so heißen, bin aber voller Vorfreude – denn endlich bin ich hier. Schon vor meiner Ankunft auf den Kanaren wusste ich: Auf genau dieser Insel wollte ich leben. Zwar wollte ich mir die Option offenhalten, doch auf einer der anderen zu bleiben, aber insgeheim war klar: Lanzarote würde es werden.

Ich wusste es seit einem Telefonat mit meinem Exfreund vor wenigen Monaten. Ich habe ihm, so beiläufig wie möglich, von Lanzarote erzählt. Dass ich auf Google Earth zufällig darübergeflogen bin und dann ein paar Fotos durchgeklickt und ein wenig recherchiert habe.

An dem Punkt hat er mich bereits unterbrochen: „Ach, Lisa, ich kenn dich doch."

Ja, das tut er, nachdem wir fast sieben Jahre zusammengelebt hatten.

„Deine Entscheidung ist längst gefallen."

Die Selbstverständlichkeit, mit der er das sagte, verschlug mir die Sprache; vor allem, weil ich wusste, dass er recht hatte.

„Welche Entscheidung meinst du?", fragte ich, nachdem mein Sprachzentrum wieder zur Mitarbeit bereit war.

„Die, dass du nach Lanzarote ziehst!"

Er hat mich dann noch kurz argumentieren lassen, warum ich das nicht tun könne: „Aber meine Galerie läuft gerade so gut und meine Wohnung mit Meerblick, und überhaupt bin ich doch glücklich hier."

„Lisa, ich weiß nur, mit welcher Begeisterung du eben von Lanzarote gesprochen hast, und wir wissen doch, was das bedeutet. Weißt du noch, wie du mir damals die ersten Fotos von London untergejubelt hast?“

„Ja.“

„Dann Mallorca?“

Auch das.

„Und schließlich Gozo?“

„Ja, ich weiß.“ Und ich wusste es tatsächlich. Ich kannte dieses Gefühl, wenn ich intuitiv eine Entscheidung getroffen hatte, aber noch eine Weile lang nicht bereit war, sie bewusst mit meinem Verstand in all ihren Konsequenzen zu begreifen oder überhaupt anzunehmen. Es war diese Phase, in der man sich einredet: „Ach, ist ja nur eine Idee, das mache ich nicht“, aber schon weiß, dass es mehr ist als das.

Jetzt bin ich hier. Das Glücksgefühl brodelt fast über in meinem Bauch. Ich muss aufpassen, keine sonderbaren Jubel-Laute von mir zu geben. Immerhin weiß niemand, dass ich soeben auf die traumhaft schöne Insel dort unten ziehe. Ich fühle mich wieder wie als Kind vor einem Haufen Geschenke, die ich gleich auspacken darf.

Teneriffa, La Palma und La Gomera erscheinen mir nun wie ein langes Vorspiel. In die Insel, die ich unter mir sehe, verliebe ich mich sofort. Ich mag die vielen Vulkankrater, bestaune die Farbverläufe von Schwarz über Grau, ins Braune und dann Rot, mit grünen Farbtupfern aus Palmen und dem gelegentlichen Pink oder Orange der Bougainvilleen. Mir gefällt der Kontrast der weich dahinfließenden dunklen Landschaft zu den klaren Linien der vereinzelten weißen Häuser mittendrin. Keine hohen Betonklötze, Bettenburgen oder überdimensionierten Werbetafeln stören das Bild. Alles passt zusammen wie in einem perfekten Gemälde.

Für meine erste Nacht habe ich ein Hostel in der Hauptstadt Arrecife gebucht. Ich zeige dem Busfahrer den Zettel mit der Adresse in der Hoffnung, dass er mir sagen kann, an welcher Haltestelle ich dafür aussteigen müsse. Er zuckt mit den Schultern. Also rate ich mit der vagen Erinnerung an einen Stadtplan, auf dem ich mir zuvor die Lage der Unterkunft angeschaut habe. Je mehr Menschen ich frage, in desto mehr Richtungen werde ich verwiesen. Das Pflaster ist holprig, und es wird mit jedem Schritt anstrengender, meine Koffer über den Asphalt zu zerren.

Plötzlich packt mich eine resolute ältere Dame am Arm. Fest und entschlossen ist ihr Griff. Sie lächelt nicht. Ihre schwarz gefärbten Haare sind zu einem strengen Dutt nach hinten gebunden. Sie trägt ein schwarz-rotes Kleid und könnte gut einmal eine Flamencolehrerin gewesen sein. Ich bin nicht sicher, ob ihre Hände auf meinem Arm dazu gedacht sind, sich bei mir unterzuhaken, oder dazu, mich zu führen. Letzteres tut sie aber in jedem Fall. Was mich vor ein logistisches Problem stellt: Wie soll ich meinen Trolley hinter mir herziehen, wenn mir eine hilfsbereite Omi am dafür benötigten Arm hängt? Und so tippeln wir im Schildkrötentempo fest verbunden und gleichermaßen orientierungslos durch Gassen, die weniger einladend aussehen, als ich mir erhofft hatte. Sie nennt mich „mi niña“ und bleibt mit mir vor ausnahmslos jedem Menschen oder jeder Menschentraube stehen, um über den besten Weg zu meinem Hostel zu rätseln. Wirklich jeder ist bereit, mit in die Diskussion einzusteigen, aber kaum einer gibt zu, von meiner Bude in der letzten Gasse der Stadt noch nie etwas gehört zu haben, obwohl ich vermute, dass es auf jeden der Befragten zutrifft. Irgendwann habe ich in jede Himmelsrichtung gezeigt bekommen, aber egal, wie wenig zielführend die Solidarität all dieser Fremden ist, sie tut mir gut.

Nach ausreichendem Input hat sie aus all den Aussagen eine Richtung herausgefiltert, die ich für genau um 180 Grad falsch halte. Doch ich bringe es nicht übers Herz, ihr das zu sagen. Viel zu gerührt bin ich von ihrer Hilfsbereitschaft. Wir gehen so lange in die falsche Richtung, wie ihre dünnen Beine sie tragen und bis ich sie überzeugen kann, dass ich das letzte kurze Stück auch allein finde.

Nachdem ich den gesamten Weg wieder zurückgegangen bin, finde ich mein Hostel 500 Meter von der Bushaltestelle entfernt, an der ich vor Stunden ausgestiegen bin. Ich kann eine kalte Dusche und ein Bett kaum erwarten, auf dem ich meinen Rucksack-geplagten Rücken endlich ausstrecken will.

„Tut uns leid, wir haben Ihr Zimmer soeben anderweitig vermietet. Wir wussten ja nicht, dass Sie doch noch kommen. Sorry, war das letzte …" Ich könnte schreien.

Im Internet finde ich schließlich ein stark reduziertes Angebot von exakt dem Hotel, vor dem ich planlos am Stadtstrand sitze. Ich buche online und überschütte einige Sekunden später die südamerikanische Rezeptionistin des Diamar mit Informationen, die sie nicht interessieren: dass ich soeben hierher gezogen bin und wie glücklich ich mich darüber fühle, und dann der Zufall mit genau ihrem Hotelangebot, nachdem das Hostel … Und wie schön es doch wäre, wenn sie mir jetzt nach all dem ein Zimmer mit Meerblick geben könnte.

„Ihr Angebot ist aber nur für eins der hinteren Zimmer gültig."

„Ja, ich weiß, aber es ist doch schon Abend, und wenn denn noch eins frei wäre, jetzt kommt doch sicher niemand mehr."

Später gehe ich stundenlang durch die Stadt, vom Strand El Reducto bis zur Lagune Charco San Ginés am anderen

Ende des Zentrums und zurück zum Strand, dann wieder zum Hafen, diesmal nicht am Wasser entlang, sondern durch die Gassen dahinter. Überraschend wenige Menschen sind auf den Straßen unterwegs, obwohl Freitagabend ist. Die Restaurants sind fast leer, und auch unter den Palmen am Strand flaniert niemand.

Bis zum frühen Morgen sitze ich auf meinem Balkon und schaue aufs Meer. Ich bin zu aufgeregt und glücklich, um schlafen zu können.

Den Bus nächsten Mittag verpasse ich, weil die Rezeptionistin sich ganz sicher war, dass er auch von der Haltestelle am Hafen aus fährt und ein anderer netter Busfahrer mich freundlicherweise von dort schnell zur Hauptbusstation mitnehmen wollte, mir aber verschwieg, dass er zuvor durch die gesamte Stadt inklusive Vororten fährt. Zu Fuß hätte ich es noch geschafft.

Eine meiner ersten Lektionen auf Lanzarote ist also, dass die Menschen hier so ein starkes Bedürfnis haben, zu helfen, dass sie es auch dann versuchen, wenn sie keine Ahnung haben, wie sie das tun können. Offensichtlich zählt die freundliche Anteilnahme mehr als das Ergebnis. Das ist sympathisch, aber unpraktisch.

Stunden später ist es endlich so weit: Mit dem Risco de Famara – einem langen Bergmassiv, das bis zur Nordspitze von Lanzarote verläuft – immer rechts von uns, fahren wir direkt auf das Meer zu. Vor uns taucht die Urbanización de Famara auf, eine Art Bungalow-Dorf mit flachen, teilweise runden Häusern direkt zwischen Hang und Strand. Beides beeindruckend nah. An den Dünen biegen wir nach links in die Ortschaft Caleta de Famara ab, die auf den ersten Blick aussieht, wie im Reiseführer beschrieben: „ein windiges verschlafenes Fischerdorf". Ich erwarte alte Fischer mit

Hut und sonnengegerbter Haut, die an der Mole sitzen und angeln, und ältere Damen, die sich zum Kaffeeklatsch in den Gassen vor ihren Häusern versammelt haben, spielende Kinder und streunende Hunde. Eben genau das Bild, das ich aus anderen spanischen Fischerdörfern in Erinnerung habe.

Doch je näher wir dem Ort kommen, desto offensichtlicher wird, dass das nur ein sehr unvollständiges Bild von Famara wäre. Schon am Ortseingang steht eine Surfschule neben der anderen; nicht im Sinne von „viele einzelne", sondern als geschlossene Häuserzeile, die allein aus Surfschulen besteht. Die Hauswände sind mit originalgroßen Pappmaché-Wellen dekoriert, mit Haien und Hängematten. Überall stehen tropfende Surfbretter im Sand. Ich bin nicht sicher, ob sich unter dem Sand überhaupt eine asphaltierte Straße versteckt. Statt alter Fischer sehe ich braun gebrannte junge Leute aus aller Welt, meist barfuß, nur in Shorts oder noch im Neoprenanzug mit Surfboard in der Hand. Viele scheinen gerade vom Strand zurückgekommen zu sein. Sie lachen und quatschen und strahlen dabei, als hätten sie einen traumhaften Tag auf dem Meer hinter sich. Die wenigen ohne Board und mit Schuhen schleppen einen Gleitschirmrucksack oder zurren ihre Hängegleiter auf den Dächern ihrer Bulli-Busse fest.

Als hätte man alles, was ich mag, an einem Ort vereint: das Meer, einen kilometerlangen Sandstrand, eine Bergkette zum Gleitschirmfliegen, Traumwetter das gesamte Jahr über, flache, weiße Häuser mit blauen oder grünen Fensterläden in einem Ort perfekter Größe, bevölkert von jungen, fröhlichen Menschen, einzig zu dem Zweck hier vereint, das Leben zu genießen und ihren Hobbys nachzugehen.

Ich war zwar wenig begeistert, wieder in einer Gemeinschaftsunterkunft zu wohnen, doch hier ist alles anders.

Das „Surf-Haus“, das ich inklusive Surfkurs gebucht habe, liegt direkt hinter der Surf-Bar und stellt sich als eine WG voller gut gelaunter Chaoten heraus. Als ich ankomme, ist außer Rafael niemand zu Hause. Von den zwei Doppelstockbetten im Mädchenzimmer ist erst eine Matratze belegt.

„Wer schläft dort?“, frage ich.

Rafael gerät ins Schwärmen: „Oh, Laura, die ist so süß. Ein bisschen verrückt, ach, aber so süß.“

Damit war das Gesprächsthema für den Abend gewählt, und wir unterhalten uns, als wären wir langjährige Freunde. Über Beziehungen, erfüllte und weniger erfüllte, über die Liebe und Lebensträume und schließlich auch übers Surfen. Letzteres dadurch angeregt, dass wir unser Gespräch mittlerweile in die Surf-Bar verlagert haben.

Die Wände sind tapeziert mit Postern von Surfern in Riesenwellen, die Tische bestehen teilweise aus halben Surfboards oder sind beklebt mit Ausschnitten aus Surfer-Magazinen, Surf-Videos werden mit einem Beamer an die Wand projiziert. Nach und nach füllt sich die Bar, und ich lerne auch die anderen aus unserem Kurs kennen, die alle schon ein paar Tage oder Wochen hier sind. Ihre Begeisterung steckt an, und ich kann es kaum erwarten, morgen auch endlich aufs Wasser zu kommen.

„Das wird nichts!“, bremst Claudio meine Euphorie, „Morgen ist Sonntag, da hat unser Surflehrer frei.“

Als ich am nächsten Morgen aufwache, hat Rafael schon für uns Mädels Frühstück gemacht. Es duftet nach aufgebackenen Croissants und Kaffee. Laura verlässt das Haus ohne Frühstück, ja sogar ohne es eines Blickes zu würdigen.

„Offensichtlich ein schwierigeres Projekt, als ich dachte“, sage ich zu Rafael.

„Hab ich fast schon aufgegeben! Aber hey, ich habe einen Plan“, verkündet er, und ich warte auf seine Lösung, wie er Laura doch noch für sich gewinnen kann, aber er redet von etwas anderem: „Ich geh mit dir surfen! Wir leihen ein Board, dann musst du nicht bis morgen warten."

„Ist das nicht gefährlich?"

„Ach Quatsch, mittlerweile kann ich die doofen Rip Currents auch allein erkennen."

Damit bin ich zufrieden – nur Sara nicht, von der ich mir im Shop das Board leihen will. „Zu gefährlich, wenn du das noch nie gemacht hast. Nimm ein Bodyboard."

Auch mit diesem Vorschlag bin ich einverstanden. Rafael nimmt sich ein Surfbrett, während Sara mir noch einen passenden Neoprenanzug aussucht.

Bodyboarden im Vergleich zum Surfen kommt mir vor wie Schlittenfahren im Vergleich zum Snowboarden – es verspricht schnelle Erfolgserlebnisse ohne Training und trotzdem jede Menge Spaß. Das Prinzip ist einfach: Kommt eine Welle, schnell paddeln und dann im Liegen bis vor zum Strand sausen. Das könnte süchtig machen.

Das aufgeschäumte Wasser um mich herum glitzert weiß wie eine Schneelandschaft in der Sonne. Manchmal lasse ich mich minutenlang von den Wellen hin und her und auf und ab schaukeln, meine Arme übers Board gelegt, die Sonne im Gesicht. Ich drehe mich langsam im Kreis. Hinter mir das offene Meer und die Insel La Graciosa, es folgen die steilen Hänge des Bergmassivs mit unzähligen bunt leuchtenden Kites davor über dem Wasser, dann der fünf Kilometer lange, fast menschenleere Sandstrand und schließlich die weißen Häuser von Famara. Über mir nur der makellos blaue Himmel und weit oben ein einzelner Drachenflieger, der sich ein Stückchen von den Klippen weg über das Meer gewagt hat.

Als Rafael und meine vor Kälte taub gewordenen Füße mich endlich überzeugen können, aus dem Wasser zu kommen, neigt sich auch für die anderen der Surftag dem Ende zu. An jeder Ecke tropfen Neoprenanzüge vor sich hin, spülen Surfer ihre Boards mit Süßwasser. Sich selbst spülen sie erst später, nach der Surf-Bar, wie ihre salzverklebten Haare preisgeben. Ich tue es ihnen gleich und fühle mich schon ein wenig zugehöriger. Es scheint ein ungeschriebenes Gesetz zu geben, das Surfern lange Haare vorschreibt. Zumindest den männlichen. Gesetzesbrüche sehe ich kaum. Vielleicht liegt es an ihrer gebräunten Haut, am trainierten Körper oder an den strahlenden Augen, aber die meisten – Männer wie Frauen – sind überdurchschnittlich attraktiv. Vielleicht liegt es auch einfach an den Unmengen Endorphin in meinem Blut.

Es ist Montagmorgen und der Tag meiner ersten Surfstunde. Nach dem Yoga-Kurs fühle ich mich erfrischt und wach. Während wir auf unseren Surflehrer Juan warten, trinke ich mit Rafael einen frisch gepressten Orangensaft in der Surf-Bar.

„Ist er das?“

„Nein“, bremst mich Rafael.

„Das?“

„Nein, warte ab! Du wirst ihn erkennen, glaub mir!“

„Woran? Hier sieht jeder aus wie ein Surflehrer!“

„Aber Juan sieht so sehr nach Surflehrer aus, dass er gar keinen anderen Job hätte wählen können.“

Seine Antwort war fast überflüssig, jetzt sehe ich es auch. Juans muskulöser Oberkörper ist nackt. Alles andere wäre Verschwendung. Seine dunkelbraune Haut glänzt wie frisch eingeölt für ein Armani-Unterwäsche-Shooting. Seine Shorts und Flipflops sind türkis, genau wie das Haarband, das seine langen braunen Locken zusammenhält. Sonne und Salz haben ihnen einen goldenen Schimmer verpasst. Sein Gang ist auffallend selbstsicher, knapp unterhalb der Schwelle zur Arroganz, die nur deshalb nicht überschritten wird, weil er dazu dieses herzliche Lächeln aufsetzt, das er bestimmt nicht einmal im Schlaf ablegt. Rafael und ich kichern. Er hatte recht: Das war eindeutig.

Anfängergruppen der verschiedenen Surfschulen haben sich am Strand mit ihren Lehrern getroffen. Damit diese uns später im Wasser erkennen, tragen wir über unseren Neoprenanzügen rote, gelbe, blaue oder weiße T-Shirts. Wir sind die Roten.

Obwohl wir durch die Yoga-Übungen bereits aufgewärmt sind, scheucht uns Juan über den Strand. Jedes Mal, wenn er klatscht, stoppen wir unseren Sprint, schmeißen uns auf den Boden und versuchen dann einen „Pop-up". Das Ganze sieht zu Beginn aus wie eine Liegestütze und endet bei allen anderen damit, dass sie Millisekunden später in einer lässigen Surferpose stehen. Unklar ist mir noch der kurze Mittelteil. Juan winkt mich heraus, und jetzt darf ich mich allein mit ihm auf den Boden werfen und wieder in Position hüpfen. Also gut, noch einmal: flach auf den Boden schmeißen, Sand ausspucken, Arme angewinkelt auf Brusthöhe abstützen, Zehen aufstellen und dann mit Muskelkraft und Körperspannung blitzschnell hochspringen, ohne mit weiteren Körperteilen den Boden zu berühren. Und ich weiß nicht einmal, welches meiner Beine dabei das vordere sein soll. Unerwartet schubst mich Juan nach vorn, ich fange mich mit dem rechten Bein ab.

„Ah, du bist ein Goofy", verkündet er.

„Ein was?"

„Na, ein Goofy, einer, der mit dem rechten Bein nach vorn surft."

„Und wie heißen die, die mit links …?"

„Das sind die Regular oder Natural."

Na toll, ich bin also nicht nur die einzige Neue, sondern auch noch ein Goofy. Soweit ich den Freund von Micky Maus und Donald Duck in Erinnerung habe, ist er nicht sonderlich sportlich oder geschickt. Sicherheitshalber schlage ich „goofy" später einmal nach: albern, doof, vertrottelt, trottelig. – Prima!

Da liegen wir also nun wie frisch geschlüpfte Schildkröten im Sand, paddeln mit den Armen in der Luft und wissen instinktiv, dass wir nur noch ins Wasser gehören. Umzingelt von ungeniert gaffenden Zuschauern, die uns vermutlich weniger niedlich als Babyschildkröten finden.

Endlich dürfen wir ins Wasser. Vorbei mit den schlimmsten Peinlichkeiten? Von wegen! Das, was wir Anfänger hier treiben, hat nichts mit jenen Surfern zu tun, die anmutig große Wellen reiten. Es ist so cool und sexy wie der Ententanz. Wir schieben unser Board bis ins schultertiefe Wasser, um in dem Bereich zu bleiben, in dem sich die Wellen schon gebrochen haben. „Weißwasser ist ungefährlicher für Anfänger", hatte Juan gesagt. Wir warten auf eine Welle – irgendeine; welche besonders gut ist, können wir ja doch noch nicht einschätzen – und krabbeln dann – irgendwie – aufs Board. Keiner der Anfänger benutzt die zuvor geübte Pop-up-Technik. Immerhin, das beruhigt mich.

Die nächsten zwei Stunden lerne ich, auf wie viele verschiedene Arten man ins Wasser fallen kann, und verstehe, wofür wir Anfänger diese riesigen Softboards bekommen haben – weich, abgerundet und mit weniger scharfkantigen Finnen als an den kurzen, spitzen Hardboards der Profis. Ein paar Mal gelingt es mir sogar, schon beim Paddeln abzusaufen. Dann nämlich, wenn die Welle naht und ich die Spitze meines Boards leicht nach unten drücken will, um ein letztes bisschen Fahrt aufzuholen, bevor ich meinen „Aufstieg" wage. Übertreibe ich es, bohrt sich mein Surfbrett vor mir unters Wasser, und kurz darauf lege ich die peinlichste Variante des Abstiegs hin: Mit der Nase voran stoße ich ins Wasser. Das Brett bremst abrupt ab, ich rutsche nach vorn übers Board, das hinter mir in die Höhe schnellt und meine Beine gerade noch mit aus dem Wasser reißen kann, die nun als letzter sichtbarer Körperteil von mir angewinkelt und gespreizt steil aus dem Wasser ragen, bis ich komplett versunken bin. Leider nicht im Erdboden.

Aus meiner Sicht lief es etwa so: „Oh, Wasser auf Boardspitze: schlecht. Mehr Wasser, ich bremse: noch schlechter. Ups, noch mehr Wasser und Sand. War ich schon so flach? Hilfe, brauche Luft. Ah! Deshalb vorher einatmen. Wo sind meine Beine? Komische Position. Und mein Board? O Gott, Kopf schützen!“ Nun stecke ich also im flachen Wasser im Sand und halte meine Arme um meinen Kopf, während mein neongelbes Board neben mir ins Wasser klatscht. Als ich mich umschaue, ob jemand meinen peinlichen Abgang bemerkt hat, blicke ich genau in Juans Videokamera. Am nächsten Morgen bei der Auswertung der Videos kann ich mich, zusammen mit allen anderen, davon überzeugen, dass es von außen betrachtet wirklich so „goofy“ aussah, wie es sich von innen angefühlt hat.

Später am Nachmittag habe ich das Timing zum Erwischen der Wellen einigermaßen raus und auch die Position beim Paddeln, die dafür sinnvoll ist. Jetzt würde ich wirklich gern diese Pop-ups probieren, aber meine Armmuskeln haben nach dem vielen Paddeln nicht mehr die Kraft dazu. Also klettere ich irgendwie aufs Board und benutze sogar – hochverboten! – meine Knie dazu. Diese „Technik“ dauert jedoch so lange, dass ich mich meist gerade im sicher hochattraktiven Vierfüßlerstand befinde, wenn mein Board im flachen Wasser im Sand stecken bleibt.

Jedes Mal, wenn ich dann beim Rauslaufen wieder

gegen die heftige Strömung ankämpfen muss, schwöre ich mir, dass es die letzte Welle sein wird für heute. Aber kaum sause ich wieder fröhlich auf den Strand zu – zuletzt aus Energiespargründen oft einfach im Liegen –, denke ich: „Eine geht noch!"

Jetzt verstehe ich auch, warum sich die anderen abends nie etwas vorgenommen haben. Nach dem Essen falle ich auf dem kürzesten Weg ins Bett und verlasse es erst am nächsten Morgen zum Yoga-Kurs wieder. Mir tut jeder Muskel weh, auch die, von denen ich nicht wusste, dass ich sie besitze.

Die nächsten Tage verlaufen ähnlich, doch mit wachsendem Erfolg. Auch wenn ich nun – erst gelegentlich und dann immer häufiger – auf dem Brett stehe, sehe ich dabei noch aus, als versuchte ich, hockend über der Klobrille einer öffentlichen Toilette zu balancieren, um diese nicht zu berühren. Das Ganze ist auch ähnlich anstrengend für die Oberschenkelmuskeln.

Ich lerne, Wellen besser einzuschätzen, und kann immer treffsicherer anhand von Wassertrübungen und Wellenformationen interpretieren, wo sich die Brandungsrückströme im Moment befinden. An manchen Tagen ist die Unterströmung so stark, dass ich mit all meiner Kraft und Konzentration dagegen ankämpfen muss. Diese starken Rip Currents sind auch der Grund dafür, warum in Famara die rote Fahne nur abgenommen wird, wenn sie vom Wind abgefetzt wurde und durch eine neue ersetzt werden muss.

Als uns am achten Tag ein Calima-Sandsturm zur Pause zwingt, bin ich nicht böse. Ich brauche dringend einen Tag zum Ausruhen. Keiner meiner Mitbewohner verlässt das Haus, außer um nebenan in die Bar zu gehen. Verständnis dafür, dass ich jetzt spazieren gehen möchte, hat niemand. Aber ich bin neugierig, mir dieses Phänomen anzuschauen, das auf den Kanaren manchmal bei starkem Ostwind eintritt, wenn in der Luft Unmengen von Sand aus der Sahara auf die Kanaren transportiert werden. Ich gehe vor die Tür, und sofort zurück ins Haus.

Mit Sonnenbrille zum Schutz der Augen und einem Tuch, das ich mir vor Nase und Mund halten kann, ziehe ich wieder los in Richtung Strand. Ich kann das gegenüberliegende, sonst sehr präsente Famara-Massiv nicht mehr erkennen. Auch La Graciosa ist verschwunden. Der Strand scheint sich nach ein paar Metern in eine gelblich-graue Masse aus sandhaltiger Luft zu verlieren. Warme Sturmböen pfeifen mir um die Ohren, und ich fühle mich wie in einem überdimensionierten Sandstrahlgebläse. Die enorme Hitze wie bei einem Calima im Sommer bleibt natürlich aus. Vermutlich war es auch unabhängig vom Calima eine eher weniger intelligente Idee, bei derart stürmischem Wind an den Strand zu gehen. Nach wenigen Minuten habe ich genug vom Peeling und gehe kleinlaut zurück in die WG.

Als ich am nächsten Tag immer noch nichts als staubige Luftmassen vor dem Fenster sehe, verlasse auch ich das Haus nicht mehr. Wir sitzen zusammen, spielen Karten und haben endlich Gelegenheit, über andere Themen als das Surfen zu sprechen.

Ein Blick auf mein Konto sagt mir, dass es ein guter Zeitpunkt wäre, den Surfkurs vorerst zu beenden. Ich fühle mich immerhin mit ausreichend Informationen versorgt, um selbst weiter zu üben. Dennoch möchte ich den Yoga-Kurs weitermachen und noch ein paar Tage hier wohnen bleiben, bis ich eine eigene Wohnung gefunden habe.

Am dritten Tag ist die Luft wieder klar, aber aus meinem Kurs sind alle abgereist. Mit einem Leihboard mache ich mich allein auf zum Strand und probiere es an der Stelle, an der ich sonst mit dem Kurs war. Schon von Weitem erkenne ich, dass zwei andere ebenfalls diese Stelle gewählt haben. Saul erklärt Sergio im Sand den Pop-up und wirkt dabei so professionell, dass ich kaum glauben kann, dass auch er nur eine Woche mit Juan trainiert hat, wie er mir später erzählt. „Und schon hat er seinen ersten Schüler“, lacht Sergio.

Sergio hat sich vor Kurzem entschieden, dass Surfen ab jetzt sein Leben ist. Seitdem liest er Surfer-Magazine, schaut Surfer-Filme und kleidet sich wie die Jungs in genau diesen Magazinen und Filmen. Für ihn – und viele andere hier – ist es kein Hobby, sondern ein Lebensstil, gar eine Lebensphilosophie. Dafür zog er mit seiner Familie vom Festland hierher. Zu dieser Überzeugung gelangte er, bevor er jemals auf einem Surfbrett stand, seinen ersten Versuch startet er jetzt.

Nachmittags wird Sergio von seiner Frau Carmen und seinem vierjährigen Sohn Celio abgeholt. Ich verliebe mich sofort in den Kleinen. Er erzählt mir, dass er schnell schwimmen lernen muss, damit er endlich auch surfen darf wie sein Papa. Das leuchtet ein. Überhaupt erzählt er mir sehr viel. Einen ähnlich ergiebigen Redeschwall kenne ich sonst nur von meiner Oma und in Ausnahmefällen mir selbst. Er erklärt mir, dass sein Papa Lieder schreibt und seine Mama „etwas anderes schreibt, ohne Musik“; Job-Beschreibungen, die sich später als Songschreiber und freie Journalistin herausstellen.

Später, beim Sonnenuntergang, nimmt Celio meine Hand, schaut mich an und macht mir die vielleicht ehrlichste Liebeserklärung, die ich je gehört habe: „Du, Lisa, ich mag dich.“

Wir treffen uns täglich am selben Spot und üben gemeinsam, wobei sich Sergio und Saul frustrierend gut anstellen. Am vierten Tag fragt Sergio, ob ich bei ihnen einziehen möchte, sie hätten ein Zimmer frei. Statt Miete zu zahlen, könnte ich doch gelegentlich auf Celio aufpassen. Nichts lieber als das! Auch Celio hüpft vor Begeisterung auf und ab.

Die Wohnung hat ein großes Wohnzimmer mit offener Küche, eine Terrasse mit Außenbett und Blick auf den großen Spielplatz direkt vorm Haus, Celios Kindergarten dahinter und das Famara-Massiv in der Ferne. Saul und Juan wohnen unter uns in einer weiteren Surfer-WG mit bis zu sieben ständig wechselnden Surfschülern.

Zum Glück habe ich zuvor nicht krampfhaft nach einer neuen Bleibe gesucht, sonst wäre mir diese perfekte Option entgangen. Die drei nennen sich selbst „La Familia" und sind eines der schönsten Beispiele dafür. Ich wohne nicht nur bei ihnen, wir leben zusammen, und das genieße ich mehr, als ich mit Worten beschreiben könnte.

Jeden Tag ziehen Celio und ich mit Kescher und Eimer los und fangen Krebse in der kleinen Lagune am Ortsende, die eine Steinmauer vom Meer trennt. Das habe ich schon in Celios Alter geliebt und dank ihm darf ich es jetzt wieder tun – er ist meine perfekte Ausrede. Wenn wir abends nach Hause kommen, haben Sergio und Carmen schon das Essen fertig, oder wir kochen gemeinsam. Danach spielen wir oft etwas oder malen. Vier große Leinwände stehen im Wohnzimmer, manchmal auf dem Balkon.

Schon jetzt ist klar, dass sie nicht dauerhaft hierbleiben werden. Allein in den letzten sechs Jahren, seit Carmen und Sergio sich kennengelernt haben, sind sie sechs Mal umgezogen; vom letzten Umzug abgesehen, jedes Mal in ein anderes Land. Ihr Traum ist ein Leben auf Hawaii, sobald Celio eingeschult wird.

Dezember

An einem grauen, windigen Regentag sehe ich in Arrecife einen kleinen, knallroten Geländewagen stehen. „¿Te gusta?“ steht auf einem gelben Zettel an seinem nicht mehr ganz durchsichtigen Softtop, darunter eine Telefonnummer. Und ob der mir gefällt! Er sieht freundlich aus, und als Frau darf man Autokauf-Entscheidungen nach solchen Kriterien treffen. Wäre ich ein Mann, hätte ich mich vermutlich gefragt, ob sich das große, vom Rost in die Beifahrertür gefressene Loch nachteilig auswirken könnte, aber mir reicht es vorerst, zu wissen, dass er sympathisch aussieht und dass das Loch vermutlich den Preis in Regionen drückt, die ich mir noch leisten kann. Bevor ich die Nummer wähle, bin ich viele Runden um das Gelände-Cabrio geschlichen und habe es heimlich auf den Namen „Pablo“ getauft. Als ich endlich anrufe, bin ich so aufgeregt wie vor einem Bewerbungsgespräch.

Der Gedanke, ihn zu besitzen, erfüllt mich mit so viel mehr Freude, als gerechtfertigt wäre bei seinem betagten Zustand. Erst langsam beginne ich zu begreifen, was Pablo bedeutet: nie wieder auf die dürftigen Busverbindungen nach Caleta de Famara angewiesen sein, dafür jeden entlegenen Winkel der Insel erkunden. Aber da ist noch mehr: Pablo ist meine Entscheidung, zu bleiben. Ein Stückchen sesshafter zu werden.

Ich treffe die (Noch-)Besitzer Adelina und Zultan zu einer Probefahrt. Die beiden sind mindestens so süß wie ihr Auto: Adelina, eine zierliche Französin Anfang zwanzig, mit roter Blume im schwarz gelockten, kinnlangen Haar. Ihr französischer Akzent passt perfekt zu den roten Erdbeeren auf ihrem schwarzen Etuikleid. Zultan wird Zulu genannt, ist vielleicht Ende zwanzig, kommt aus der Slowakei und spricht über alles und jeden mit der echten Begeisterung eines Kindes. Seine Augen funkeln; egal, ob er über den „schönsten Fleck auf Erden“ spricht, den er erst vorletzte Woche auf der Miniinsel Lobos zwischen Fuerteventura und Lanzarote entdeckt hat, oder über seinen neuen Job in England oder einfach ganz allgemein über die Überraschungen des Lebens.

Sie haben sich vor sieben Jahren kennengelernt, während sie als Animateure im selben Hotel beschäftigt waren. Seitdem haben sie auf Teneriffa, Fuerteventura und zuletzt Lanzarote gelebt. Nun verlassen sie die Kanaren für einen Job in England, bei dem Zulu eine Kindertagesstätte aufbauen soll, und verkaufen neben Auto „Pablo“ auch ihren gesamten Hausstand.

Wir fahren in ihre Mietwohnung im Zentrum von Arrecife, und ich sehe ein Bild, das mir bekannt vorkommt: zwei gepackte Koffer und zwei Trolleys zum Mitnehmen, ein paar Kisten zum Einlagern oder Verschicken, viele große Müllsäcke mit allem, was verschwinden muss, und den Versuch, vorher all das zu Geld zu machen, was dafür noch taugt. Ich kaufe noch Zulus Surf- und Adelinas Bodyboard.

„Die werden wir jetzt nicht mehr brauchen“, seufzt er spürbar traurig und ergänzt sofort, mehr zu sich selbst: „Aber das Angebot in England können wir nicht sausen lassen.“ Kaum ausgesprochen, kehrt sein Lächeln zurück, und ich behalte meine Zweifel, ob ihnen England gefallen wird, für mich.

„Animateur ist kein Job auf Lebenszeit“, sagt Zulu, und Adelina nickt, während sie mir den gestrickten rot-gelb-grünen Bezug für das Surfboard reicht.

Auf dem Rückweg im Bus – ich lasse ihnen Pablo bis zu ihrer Abreise – schwirren unzählige Gedankenfetzen in meinem Kopf herum: von Ankunft und Abschied. Von Hoffnungen und dem Versuch, „vernünftig", ja „erwachsen" zu werden. Das ist es, vermute ich, was sie antreibt. Davon, was wichtig ist im Leben und ob Zulu weiß, was alles an seinem Surfboard hing. Ich hatte es genau andersherum versucht als Adelina und Zulu: erst das seriöse Elitestudium in London, dann die Erkenntnis, dass ich nicht werden wollte wie die, die diesen Pfad bis zum Schluss weiterverfolgt haben. Jetzt das Leben als Freelancer. Frei, selbst zu entscheiden, und frei, zu tun, was ich liebe: zu reisen, schreiben, fotografieren. Dafür nie sicher, ob ich mir einen Pablo leisten kann, und immer zu hundert Prozent selbst verantwortlich.

Wir nennen es das Behörden-Spiel, und es ist unser Versuch, einem unerfreulichen Vorhaben, wie der Beschaffung aller geforderten „Certificados", immerhin noch ein wenig Freude abzugewinnen. Das Ziel: Die Certificados „de Empadronamiento", „de Viaje" und „de Registro de Ciudadano de la Unión Europea" inklusive N.I.E. (wie früher oft noch „Residencia" genannt) zu besorgen. Gewonnen hat, wer das in den wenigsten einzelnen Behördengängen schafft. Anschließend lädt der Verlierer den Gewinner zum Essen ein. Dabei dürfen wir keine Gestoria beauftragen, die uns Arbeitsschritte abnimmt. Allein die Existenz dieser Agenturen zur Erledigung amtlicher Formalitäten beweist, dass die spanische Bürokratie der deutschen in nichts nachsteht – im Gegenteil.

Mein Gegner ist Alessandro, ein neu zugezogener Italiener, den ich vor einigen Tagen abends in der Bar kennengelernt habe. Die Idee dazu entstand, als er mich in seine Theorie einweihte, dass das Leben ein Spiel ist, bei dem der gewinnt, der dabei am meisten Spaß hat. Laut ihm ist Freude ein Selbstzweck, „und der wichtigste im Leben noch dazu". Die größte Kunst sei es, sie in den Dingen zu finden, in denen sie nicht offensichtlich ist.

„Surfen spaßig zu finden ist was für Anfänger. Wenn du in einer Behörde die Nummer 328 gezogen hast und die Anzeigentafel die Zahl 14 zeigt, wenn du dann lachen kannst, dann hast du gewonnen."

„Apropos ...", hatte ich geantwortet, und unser Spiel war entstanden.

Meine Taktik: mich vorher genau informieren, welche Dokumente in welcher Reihenfolge benötigt werden, wie viele Kopien jeweils mitzubringen sind und vor allem, welche Arbeitsschritte in einem erledigt werden können. Alessandro fasste seine Taktik mit einem Wort zusammen: „Charme!"

„Denk dran, das Ziel ist Spaß!", rief er mir zum Abschied nach.

Doch einen genauen Plan für die beste Vorgehensweise aufzustellen, ist schwieriger als zunächst vermutet: Egal mit wem ich bisher über die Beschaffung dieser Dokumente hier oder auf Teneriffa gesprochen habe, keine zwei Aussagen waren jemals identisch. Auch die Angaben im Internet sind widersprüchlich. Die Aussagen reichen von „Man braucht das Empadronamiento, um die Residencia oder N.I.E. zu beantragen" über „Beides ist unabhängig voneinander" bis zum Gegenteil der ersten Aussage: „Man braucht die Residencia fürs Empadronamiento."

Ich versuche es in dieser Reihenfolge: Zuerst lasse ich mir von meiner „La Familia" einen Untermietvertrag schreiben, um meinen Wohnsitz im Rathaus in Teguise anmelden zu können. Zu dieser Eintragung in das Einwohnerregister ist jeder verpflichtet, der sich länger als drei Monate in Spanien aufhält. Ich scheine das „Empadronamiento“ sogar online erledigen zu können. Nachdem ich aber die dritte Fehlermeldung erhalte, beschließe ich, es klassisch im Ayuntamiento zu beantragen. Dazu benötige ich nur meinen Reisepass, den Mietvertrag und Kopien von beidem. Die Mitarbeiterin ist freundlich, es geht schnell, und sie kann mir nicht nur das „Certificado de Empadronamiento“ ausdrucken, sondern auch das „Certificado de Viaje“. Zusätzlich lasse ich mich in das Wählerregister eintragen und habe damit kommunales Wahlrecht. Da ich, entgegen der Erfahrung von Bekannten auf Teneriffa, nicht nach meiner N.I.E., der „Número de Identificación de Extranjeros“, gefragt werde, geht meine gewählte Reihenfolge auf.

Über das Certificado de Viaje freue ich mich, denn es hat als Einziges einen direkten Nutzen für mich: Gegen Vorlage dieses Ausdrucks zahle ich als offizielle Einwohnerin der Kanaren für innerspanische Flug- und Fährtickets nur den halben Preis, die andere Hälfte übernimmt der spanische Staat.

Fazit: Ein Arbeitsschritt, zwei Dokumente – ein erfolgreicher erster Spieltag. Am Abend kann ich kaum erwarten, Alessandro meinen Tageserfolg zu zeigen. Ich habe ihn den ganzen Tag nicht gesehen und bin gespannt, wie es bei ihm lief. Kleinlaut verrät er mir, dass er in die typische Anfängerfalle getappt war: Er hatte keine Kopien dabei.

„Sie saß genau neben einem monströsen Kopierer!“, beschwert er sich. Da spanische Behörden grundsätzlich keine Kopien ausstellen, aber immer welche von sämtlichen Dokumenten, inklusive Reisepass, verlangen, musste er einen Copyshop suchen und mit den Kopien später wieder zurück ins Rathaus fahren.

„Tja, mein Lieber, damit ist klar, wer in Führung liegt!“, triumphiere ich.

„Moment mal“, unterbricht er mich, „dafür hab ich gleich noch diesen Zettel bekommen, mit dem man zum halben Preis zwischen den Inseln reisen kann.“

Ich halte ihm mein „Certificado de Viaje“ unter die Nase. „Überleg dir schon mal, wo wir essen gehen!“

Bisher lief es leichter als gedacht. Jetzt fehlte nur noch das „Certificado de Registro de Ciudadano de la Unión Europea“. Das ist der Eintrag ins zentrale Register für EU-Ausländer, zu dem jeder Spanien-Einwanderer innerhalb von drei Monaten ab Einreise verpflichtet ist. Bis 2007 wurde danach eine kleine grüne Karte mit Passfoto, die „Tarjeta de Residencia“, ausgestellt; heute gibt es nur noch einen grünen A4-Ausdruck (teilweise auch schon wieder im praktischeren Kleinformat) ohne Foto, der lediglich den Eintrag ins Ausländer-Register bestätigt und auf dem die N.I.E. angegeben ist. Trotzdem nennen die meisten diesen Ausdruck vereinfacht immer noch „Residencia“.

Die N.I.E. ist die Identifikationsnummer für Ausländer in Spanien und bleibt, einmal ausgestellt, lebenslang gleich. Ohne N.I.E. läuft in Spanien nicht viel. Beim Auto- oder Immobilienkauf, zum Abschließen einer Versicherung, zur Eröffnung eines Bankkontos oder selbst zum Abschließen eines Telefonvertrags wird sie verlangt. Sie wird auch separat (ohne Residencia) beantragt, wenn man in Spanien ein Haus kaufen möchte, ohne seinen Hauptwohnsitz nach Spanien zu verlegen.

Mein Plan, am nächsten Tag schon mit dem online ausgedruckten und fertig ausgefüllten Antragsformular EX-18 für meine Residencia zur Policía Nacional in Arrecife zu gehen, stellt sich als wenig vorteilhaft heraus, denn um die klassischen drei Schritte komme ich trotzdem nicht herum: Zwar bekomme ich bei meinem ersten Besuch in der Polizeibehörde nun kein EX-18-Formular mehr, aber ein „Modelo 790", mit dem ich zuerst bei einer beliebigen spanischen Bank eine geringe Gebühr einzahlen muss, um dann zu einem vereinbarten Termin („cita previa") mit dem von der Bank abgestempelten Einzahlungsbeleg zur Beantragung meiner Residencia wiederzukommen.

Zuerst läuft der Termin gut. Meine Unterlagen sind komplett, der Bearbeiter scheint zufrieden. Ich zeige ihm den Nachweis meiner privaten internationalen Krankenversicherung, und er nickt, ja, die Abdeckung ist ausreichend. Als Nächstes fordert er meinen Einkommensnachweis oder Arbeitsvertrag.

„Ich habe keinen Arbeitsvertrag", sage ich und zeige ihm stattdessen einen aktuellen Kontoauszug. Ich hatte zuvor gelesen, dass als Einzelperson Beträge über 5000 Euro auf dem Konto genügen würden, um die geforderten „ausreichenden finanziellen Mittel" nachzuweisen, und mir deshalb keine weiteren Gedanken darüber gemacht. Er mustert den Betrag auf meinem Kontoauszug, und ein ungutes Gefühl macht sich in mir breit.

„Aber davon können Sie doch nicht unbegrenzt leben."

„Nein, natürlich nicht, behauptet doch niemand; aber ein halbes Jahr doch sicher, vielleicht ein ganzes, wenn ich sparsam lebe", verteidige ich mich.

„Können Sie denn kein regelmäßiges Einkommen nachweisen? Und was machen Sie nach dem halben Jahr?", bohrt er unbeirrt weiter.

Ich könnte schreien, mir die Haare raufen, auf den Boden stampfen. Warum sind sich Beamte denn nie einig darüber, welche Nachweise nun wirklich gefordert sind? „Ich habe doch nie behauptet, dass ich ein halbes Jahr lang keine Aufträge annehmen werde, sondern nur, dass das Geld auf meinem Konto sogar dann so lange reichen würde, wenn ich nicht arbeiten würde." Ich bin genervt.

„Was für Aufträge? Womit verdienen Sie Ihr Geld?"

„Hauptsächlich mit Websites. Bisher hatte ich immer mehr Aufträge, als ich annehmen konnte oder wollte. Wenn mein Geld knapp wird, arbeite ich einfach wieder mehr."

Jetzt ist er plötzlich interessiert und will mehr wissen. Ich ahne, dass es dabei nicht mehr nur um meine Residencia geht. Also erkläre ich ihm, dass Kleinunternehmen mich dafür gern buchen, weil ich sowohl Texte und Fotos liefere als auch die Website gestalte. Das Gespräch wandelt sich. Er habe einen Bruder, der biete geführte Inselrundfahrten an, und der könne auch ... Er unterbricht sich selbst, bevor er den Gedanken fertig ausgesprochen hat.

Jetzt scheint er auch nicht mehr genau zu wissen, was richtig ist, und holt einen anderen Mitarbeiter. Ich erkenne meine Chance und schwenke um auf Alessandros Taktik: Ich atme tief durch, lege meinen freundlichsten Gesichtsausdruck auf und wende mich hilfesuchend an den neuen Kollegen. Der hört sich das Problem an, schaut auf meinen Kontoauszug und beschließt, dass überhaupt kein Problem vorliegt, es sei doch genug Geld drauf. Er entschuldigt sich für das „Missverständnis", diese Auflagen für die Residencia seien noch relativ neu, und in den Regelungen aus Madrid sei nicht eindeutig festgelegt, welche Dokumente genau gefordert werden. Damit ist alles geklärt, und ich bekomme meinen Eintrag ins Ausländerregister.

„Und, wohin lädst du mich zum Essen ein; jetzt, da du unser Wettspiel verloren hast?", frage ich Alessandro später.

„Hattest du Spaß?", will er wissen.

„Nein, heute nicht!", maule ich. „Ich dachte schon, die wollen mich hier nicht, weil ich nicht vermögend genug bin."

„Komisch", Alessandro grinst, „meinen Arbeitsvertrag fanden sie toll."

„Aber du hast doch gar …", ich breche meinen Satz ab, weil ich auf einmal verstehe, warum Alessandro vor ein paar Tagen unbedingt an meinen PC und Drucker musste. „Mieser Trickser!"

„Na los, du korrekte Deutsche, lass uns essen gehen!"

„La Cantina in Teguise?"

„O ja, die Tapas-Platten sind großartig dort!"

Ein paar Tage später treffe ich Adelina und Zulu in Arrecife zur Autoummeldung. Routiniert weiß Adelina immer genau, unter welchem Menüpunkt wir die nächste Nummer in der „Dirección General de Tráfico" ziehen müssen. Zulu weiß, wann es sich lohnt, das Kartenspiel und die Süßigkeiten auszupacken. Und ich bin froh, dass Adelina den Überblick behält. Die Unterlagen hat sie fein säuberlich geordnet und abgeheftet. Ich habe mir angewöhnt, einfach zu jedem Behördengang einen Ordner mit sämtlichen Dokumenten inklusive mehrerer Kopien mitzunehmen. Man kann nie wissen, in welcher Stimmung sich die Bearbeiterin befindet und welche zusätzlichen Dokumente sie nur an diesem speziellen Tag sehen möchte. Wie vorher vereinbart übernimmt Adelina die Gebühr für die Ummeldung und die Kaufsteuer und zahlt für beides etwas mehr als hundert Euro. Innerhalb eines Tages ist alles erledigt und Pablo auf meinen Namen zugelassen.

Ich möchte mehr Einheimische kennenlernen und denke, ein neuer Yoga-Kurs wäre eine gute Gelegenheit. In den beiden Supermärkten in Famara gibt es im Eingangsbereich Flächen mit Aushängen von Kursangeboten und anderen Kleinanzeigen. Die Auswahl ist für einen Ort mit nur tausend Einwohnern beachtlich: mehrere Yoga-Richtungen, Kurse morgens, nachmittags oder abends, mit unterschiedlicher

Häufigkeit, drinnen, auf Dachterrassen oder am Strand, alternativ Kurse in Pilates oder Tai-Chi. Ich entscheide mich für den, dessen Aushang mich optisch am meisten anspricht. Vom Kundalini-Yoga nun also zum Hatha-Yoga. Statt früh morgens gemütlich am späten Nachmittag, statt täglich nur noch montags und donnerstags.

Am nächsten Donnerstag die erste Stunde. Die Haustür ist angelehnt, Yogamatten stehen direkt dahinter. Von oben höre ich Stimmen und finde die anderen auf der Dachterrasse einer weiteren Surfer-WG, deren Wohnzimmer ich auf dem Weg nach oben durchquere. Die Gruppe ist mit nur sieben Teilnehmern sympathisch klein, der Lehrer beeindruckend gelenkig, die Frauen sind eindeutig in der Überzahl. Ein Volltreffer: Ich mag die anderen und den Unterrichtsstil des Lehrers. Nach einer guten Stunde bin ich wunderbar entspannt und nehme Nairas und Enrics Einladung gern an, noch auf einen Drink in eine Bar zu gehen.

Naira sieht italienisch aus; die schöne, nicht die herbe Sorte Italienerinnen. Sie hat langes, glattes Haar, von dem man nicht genau sagen kann, ob es braun oder blond ist. Und obwohl sie eigentlich aus Lanzarote stammt, umgibt sie sich am liebsten mit Italienern und versucht, so italienisch wie möglich zu klingen. Warum sie das tut, weiß sie nicht mehr genau, nur noch, dass sie damals in der Schule damit begonnen hat, als sie sich in einen Italiener verliebte, der hier im Surfurlaub war. „Ach, weißt du, hier kommen alle aus exotischen Ländern ...“ Sie stockt kurz und unterbricht sich dann selbst: „Also du nicht, aber ich meine viele eben. Da muss ich doch auch von irgendwoher sein, nicht einfach nur geblieben.“

„Wenn ich hier geboren wäre, hätte ich bestimmt auch nicht weggehen wollen“, antworte ich und übergehe ihre Spitze.

„Doch, hättest du! Das liegt in deiner Natur. Es gibt Nomaden und Sesshafte. Ist wie die Augenfarbe. Festgelegt."

Vielleicht hat sie recht, aber andererseits wollte ich als Kind nie ins Ferienlager, weil ich Heimweh hatte; und dann auf einmal als Teenager übernahm dieses brennende Fernweh die Regie; eine Art Virus, den ich mir ganz plötzlich auf einer Finca auf Mallorca eingefangen hatte, als ich das erste Mal spanische Gitarrenmusik beim Paella-Abend hörte.

Enric ist groß und schlank, hat verträumte, dunkelbraune Augen, und seine wuscheligen Haare scheinen ein Eigenleben zu führen. Er stammt aus Katalonien und kam für eine Festanstellung als Koch nach Lanzarote, die ihm zwar zugesagt, aber nicht bezahlt wurde. Auch das versprochene WG-Zimmer bekam er nicht. Dafür Frust, der sich schließlich legte, als er „all die hübschen Frauen hier" entdeckte und eine Anstellung in einem besseren Restaurant in Teguise fand. Dazu eine eigene Wohnung, in die er die hübschen Eroberungen gelegentlich entführen konnte. Naira betont, dass sie nicht dazu gehöre und beide lediglich beste Freunde seien, ohne jegliche sexuelle Absicht. So energisch, wie sie das sagt, bleibt ihm nichts anderes übrig, als zuzustimmen.

Enric macht sich gerne und häufig über das lustig, von dem er meint, es sei die deutsche Mentalität. Am nächsten Montag erscheint er extra früher zum Yoga, um zu sehen, ob ich auch wirklich die deutschen fünf bis zehn Minuten zu früh erscheine. Statt einer Begrüßung ist es das Erste, was er mir halb amüsiert, halb verärgert mitteilt, als ich spanische fünf Minuten zu spät ankomme, weil ich nicht damit gerechnet habe, dass es pünktlich losgeht.

„Na ja, du hast schon zu lange im Süden gelebt", entschuldigt er seine Fehleinschätzung.

Auf Lanzarote – der Insel, auf der außer Palmen kaum ein Baum wächst – gleicht ein echter Weihnachtsbaum einem Wunschtraum. Auch einen künstlichen zu bekommen schien zunächst schwierig. Wir finden ihn schließlich in einem Chinaladen.

Jetzt steht er vor uns auf einem kleinen Tisch, der mich an einen Altar erinnert. Er ist hässlich, furchtbar hässlich, vielleicht der scheußlichste Weihnachtsbaum aller Zeiten. Objektiv betrachtet. Er ist künstlich und weiß, überladen mit pinkfarbenen, roten (ja, in dieser Kombination), blauen und silbernen Kugeln, goldenen und weißen Girlanden. Die weißen sind beinahe unsichtbar auf dem weißen Baum. Von der Lichterkette scheinen keine zwei Lämpchen dieselbe Farbe zu haben, so bunt blinken sie vor sich hin; nicht gleichmäßig, sondern in wechselnden Rhythmen, für die ich auch nach Tagen kein logisches Schema entdecken kann. Die Spitze ziert eine ebenfalls knallbunt leuchtende und blinkende Sternschnuppe, die für den kleinen Baum enorm überproportioniert ist. Eine einzelne pinkfarbene Schleife hängt verloren irgendwo in der Mitte. Unter dem Baum stehen ein weiterer goldener Baum und ein freundlich lachender Styropor-Schneemann. Meine Augen müssten dieses Ensemble als Beleidigung empfinden, doch das Gegenteil ist der Fall: Ich liebe diesen Baum. Er strahlt so viel Wärme und Ungezwungenheit aus, so viel Spaß und Leichtigkeit. Allein die Erinnerung, mit wie vielen Lachkrämpfen wir all seine Bestandteile und seinen Schmuck gekauft haben, wie stolz Celio das meiste ausgewählt hat. Wie könnte ich ihn nicht lieben? Für mich repräsentiert er meine geliehene „La Familia“: bunt, unangepasst und voller Wärme. Mit jedem Tag mag ich ihn lieber. Er steht direkt vor unserem Esstisch, sodass ich ihm beim Essen gegenübersitze.

Auch wenn es nach wie vor sommerlich warm ist, die Adventszeit wäre für mich unvollkommen, wenn die Wohnung nicht wenigstens ein Mal nach Plätzchen duften würde. Wir klappern in Arrecife sechs verschiede Läden ab, bis wir alles zusammenhaben: eine Rührschüssel, Ausstechformen (der schwierigste Teil der Suche), einen Handmixer, Messbecher, sämtliche Backzutaten und Unmengen an buntem Zuckerkram zur Verzierung. Während Sergio und Carmen letzte Weihnachtsgeschenke besorgen, machen Celio und ich uns ans Werk. Arbeitsteilung: Er wählt die Musik, ich bereite den Teig vor. „Wake me up" von Avicii legt er zuerst auf. Ich lasse ihn die Eier aufschlagen. Eine gewagte Arbeitsteilung mit einem Vierjährigen, aber er macht das großartig. Die Küche sieht aus, wie Küchen eben aussehen, wenn man mit Kindern Plätzchen bäckt. Offensichtlich liebt Celio Gute-Laune-Musik. „Safe and sound" ist seine nächste Wahl, und in mir reift der Plan, ihn als DJ zu behalten. Die Stimmung ist top, wir tänzeln durch die Küche, naschen Teig, Celio singt mit – unberührt davon, dass er nicht alle der englischen Begriffe kennt. Ich lasse zumindest das laute Mitsingen, um ihm die Stimmung nicht schlagartig zu verderben. In diesem Moment ist meine Welt in bester Ordnung: Ich liebe diesen Ort und die Gesellschaft meiner kleinen „La Familia". Wäre Surfen die beste Metapher für das Leben – wovon mindestens die Hälfte aller Einwohner Famaras überzeugt ist –, in diesem Augenblick stünde ich lässig auf einer energiereichen Welle, dynamisch im Fluss und stabil zugleich. Jeder weiß, dass keine Welle ewig dauert, aber wen kümmert das schon, wenn man gerade oben steht?

Ich hielt es für eine clevere Idee, zuerst alle Plätzchen auszustechen, bis der gesamte Teig verbraucht war, und dann erst mit dem Backen zu beginnen. Ungefähr 25 Songs später haben wir sämtliche Ablageflächen in der Küche mit

Backpapier ausgelegt und die letzte Sternschnuppe ausgestochen. Celio rennt zum Herd und öffnet den Schrank darunter, in dem sich unsere Töpfe und Pfannen befinden.

„Du, Lisa?"

„Ja?"

„Wo ist der Ofen?"

Berechtigte Frage, darüber hatte ich noch nicht nachgedacht. Celio zieht eine Pfanne heraus und sieht tiefer in den Schrank hinein, als ob sich dort doch noch irgendwo der Backofen versteckt haben könnte. Dann öffnet er alle weiteren Schränke, dreht sich zu mir um und zuckt ratlos mit den Schultern. Ich zucke ratlos zurück. Wir lachen.

Celio rennt aus der Wohnung, die Treppe runter. Ich folge ihm. Als ich ihn einhole, steht er bereits mitten in der Surfer-WG, und neun glasige Augenpaare schauen ihn an. Bob Marley singt: „Get up, stand up: stand up for your right ..." Mit seiner unerschütterlich guten Laune hat Celio sie längst in seinen Bann gezogen. Den Herd findet er sofort.

„Ist doch okay für euch?"

Seine Frage ließe gar keine andere Antwort zu. Die Witze darüber, dass hier sonst nur Cookies mit weiteren Zutaten gebacken werden, versteht Celio zum Glück noch nicht.

Am nächsten Tag bin ich gerade dabei, ein Wasserbad aufzusetzen, um die Schokolade zum Verzieren der Plätzchen zu schmelzen, als mir auffällt, dass Celio wieder einmal cleverer war: Er hat die Schokolade einfach mit den anderen Zutaten zum Verzieren nach draußen auf den Tisch genommen.

„Schon alles hier!", ruft er vom Balkon.

Die Vollmilchschokolade ist in der Mittagssonne bereits cremig geschmolzen, die weiße Tafel braucht noch eine Minute. Ich schneide eine kleine Ecke der Verpackung auf und Celio gießt die Schokolade über die Plätzchen – und über alles, was sich sonst noch in der Nähe befindet: Teller, Löffel, diverse Tuben mit pinkfarbener Glitzerlebensmittelfarbe, diverse Döschen mit bunten und silbernen Zuckerkugeln. Eine herrliche Sauerei, und es macht unendlich viel Spaß. Keine Klamotten, die dreckig werden, keine Küche, die anschließend generalüberholt werden müsste; nur in Badesachen sitzen wir am Plastiktisch auf dem gefliesten Balkon. So macht es noch viel mehr Freude, mit dem Finger in der Schokolade zu rühren.

Januar

Gran Canaria. Den Jahreswechsel und gleichzeitig Geburtstag meiner Oma habe ich wie jedes Jahr mit meiner Familie in Berlin verbracht. Den Rückflug verbinde ich mit einem Zwischenstopp auf Gran Canaria, der einzigen Insel, zu der ich bisher keine genaue Vorstellung oder Erwartung habe.

Das Hostel in Santa Catalina, dem Vergnügungsviertel von Las Palmas, befindet sich in genau dem Zustand, der für diese (unterste) Preisklasse zu erwarten war. Logisch: Wenn man die mit Abstand billigste Unterkunft bucht, haust man auch in der mit Abstand grässlichsten Bruchbude. Mein Zimmer ist exakt so klein wie das winzige Bett, bis zur Decke mit grauen, teils zersprungenen Fliesen ausgekleidet, die Decke verschimmelt; ein Fenster gibt es nicht, nur einen Schacht oben an der Decke, der weder Licht noch Luft hereinlässt und noch nicht einmal nach draußen, sondern nur in einen weiteren größeren Schacht führt, der dann viele Stockwerke über meinem vermutlich ins Freie mündet. Rhythmisches Hämmern aus dem Nachbarzimmer beweist, dass andere hier offensichtlich mehr Spaß haben.

Die Lage der Absteige allerdings ist beachtlich: direkt am Parque Santa Catalina zwischen dem 400 Meter entfernten Stadtstrand Playa de las Canteras im Westen und dem noch näheren Puerto de la Luz im Osten. Doch einen Stadtteil in derart perfekter Lage auf einer schmalen Landzunge zwischen Strand und Hafen habe ich mir anders vorgestellt: Ich hatte weniger chinesische Ramschläden und Geschäfte mit Handys dubioser Herkunft erwartet, dafür schönere

Architektur. Immerhin, ein paar Bäumchen wachsen aus Löchern im gepflasterten Boden und in kleinen Kübeln.

Und so wandere ich planlos durch die grau verregnete Stadt und frage mich, warum ich eigentlich hier bin – wo mir doch mein kleiner Fischerort viel besser gefällt als eine Großstadt. Gestern am Flughafen in Berlin ging zur selben Zeit auch ein Flieger nach Malta, und für einen kurzen Moment hatte ich überlegt, diesen zu nehmen oder noch länger bei meiner Familie zu bleiben. Auf einmal stand ich zwischen Deutschland, Malta und den Kanaren – überall ein bisschen zu Hause und doch nirgendwo ganz. Gestern dachte ich noch, das wäre nur ein unbedeutender Gedanke in dieser speziellen Situation, aber auch heute hängt er mir noch nach. Am liebsten würde ich in diesem Moment nach Hause fahren, aber ich weiß nicht, wo das ist.

Immer öfter sehne ich mich nach einem Zuhause, einem festen Ort mit festem Partner, der jeden Morgen neben mir aufwacht und von dem ich vermute, dass er das auch noch in fünfzig Jahren tut. Oft beobachte ich meine „La Familia" und frage mich, was all die Freiheit nützt; vielleicht liegt das wahre Glück in der Zugehörigkeit zu Menschen, die man liebt?

Ich friere zwischen den windigen Häuserschluchten, aber in mein Zimmer möchte ich auch nicht zurück. Stattdessen gehe ich in Richtung Strand; vorbei an normalen Hotels, schicken Hotels und schließlich sehr noblen Hotels, und für einen Moment träume ich: Ich schlafe in einem dieser unverschämt großen Meerblickzimmer auf einem rückenfreundlichen Kingsize-Bett, nur das Meeresrauschen ist zu hören. Zuvor hat mich ein Taxi hierher gebracht und ein Page mein Gepäck aufs Zimmer gestellt. Ich nehme ein heißes Bad mit Rosen- und Vanilleduft, schlüpfe anschließend in meinen flauschigen Hotelbademantel und meine ebenso flauschigen Hotelpantöffelchen. Und bevor ich schlafen gehe, lasse ich mir vom Zimmerservice eine Mousse au Chocolat, vorzugsweise mit weißer Schokolade und Blaubeerpüree, aufs Zimmer bringen, und beim Einschlafen verliere ich nicht einen Gedanken daran, dass jemand meinen einzigen Besitz, meine Kamera und mein letztes bisschen Bargeld, stehlen könnte.

Aber wäre ich wirklich bereit, den Preis dafür zu zahlen? Das gesamte Jahr zu arbeiten, vielleicht täglich von morgens bis zur Dunkelheit im selben Büro auf denselben PC zu starren, um dann ein Mal im Jahr als lebensnotwendigen Ausgleich für zwei Wochen hier in Hotelpantoffeln zu schlüpfen?

Am nächsten Morgen treffe ich im Shoppingcenter El Muelle in der Nähe des Fährhafens zufällig den Ungarn wieder, dem ich gestern geholfen habe, sein Hotel zu finden. Ich erzähle ihm, dass ich mir die Dünen von Maspalomas anschauen möchte.

„Darf ich mit?"

Ich erkläre ihm höflich, dass ich gern allein unterwegs sein möchte.

„Aber ich hätte gern Gesellschaft. Man kann es nicht jedem recht machen." Er sagt das, als wäre es ein unabwendbares Schicksal.

„Doch, in diesem Fall schon", antworte ich, „indem du die Gesellschaft von jemandem suchst, der auch Gesellschaft will."

„Aber ich kenne hier doch nur dich."

Die gesamte Busfahrt über schweigen wir. Und auch als wir irgendwo mitten in Playa del Inglés aussteigen, folgt er mir nur stumm durch endlose Straßenzüge mit Hotelklötzen, von denen viele ihre beste Zeit längst hinter sich haben – falls sie je eine hatten. Ein paar Mal bleibe ich ohne besonderen Grund stehen, nur um zu sehen, was er tut. Auch er bleibt stehen und fragt noch nicht einmal, worauf ich warte.

Es ist eine dieser typischen Gegenden, die touristische Länder opfern, um all das Hässliche und Künstliche auszulagern, damit es wenigstens nicht die gesamte Insel überspült. Wer hier herkommt, will nichts Unbekanntes sehen, seine Komfortzone keinen Millimeter verlassen. Es soll sein wie zu Hause – nur wärmer und mit einem Strand. Oder aber er wurde von seinem Reisebüro und den Bildern im Katalog reingelegt.

Nachdem ich uns aus dieser endlosen Hotelansammlung zum Strand navigiert habe, möchte ich mich im Meer abkühlen, bevor ich mir die Dünen von Maspalomas anschaue. Mein Ungar hat aber weder Handtuch noch Badehose dabei, und so steht er in seinen Büroschuhen, langer grauer Stoffhose und akkurat gebügeltem Hemd neben mir im Sand, während ich im Bikini auf meinem Handtuch liege und erfolglos versuche, mich von ihm nicht aus der Ruhe bringen zu lassen. Gelegentlich teile ich ihm mit, was ich als Nächstes vorhabe, und er nickt. Zum Beispiel: „Ich gehe schwimmen." Er nickt und bleibt stehen. Oder: „Ich möchte jetzt ein bisschen durch die Dünen gehen. Ist ja nicht mehr heiß." Er nickt und folgt mir wortlos.

Erst später, in den Dünen fängt er plötzlich wieder an zu sprechen: dass er Informatiker sei und zum ersten Mal allein reise und wie viel lieber er doch mit seiner Freundin unterwegs wäre, die nun aber mit einem anderen verreise. Für mein Plädoyer, wie schön es sein kann, allein unterwegs zu sein, hat er so wenig Verständnis, dass ich kurz selbst daran zweifle. Ich schlage ihm vor, dass es vielleicht helfen würde, wenn er sich die Dünen herunterkullern ließe, wie ein paar Jugendliche vor uns, die vor Vergnügen quietschen. Er starrt mich entgeistert an, fassungslos darüber, wie ich auf einen solchen Vorschlag kommen kann! Wenn ich mir seine polierten Schuhe anschaue, hätte ich auch von allein schlussfolgern können, dass er nicht zu den Menschen gehörte, die sich gern im Sand kullern. Mir ist das egal. Ich tue es trotzdem. Wieder und wieder, auch wenn der Aufstieg jedes Mal furchtbar anstrengend ist und sich in jedem meiner Kleidungsstücke und meinen Haaren schon Unmengen Sand befinden.

Am Abend essen wir in einem chinesischen Restaurant und schlendern die Promenade entlang vom Leuchtturm in Maspalomas bis kurz vor den Sporthafen Pasito Blanco. Alle zwanzig Meter stehen Straßenhändler und verkaufen kleine, blau leuchtende Fluggeräte, die sie mit einem Katapult in die Luft schießen. Wie bei kleinen Helikoptern drehen sich die Rotorblätter und befördern das Gerät sanft wieder auf den Boden zurück. Die Augen meines kleinen Ungarn funkeln jedes Mal vor Begeisterung, wenn uns der nächste Verkäufer ein solches Teil vor die Füße knallt. Während er damit beschäftigt ist, sich auch das allerletzte Sandkorn aus seinen Schuhen zu putzen, kaufe ich ihm so ein Flugobjekt. Er schaut mich an, als hätte ich ihm einen echten Helikopter geschenkt. Den Rest des Abends verbringt er damit, sein blaues Spielzeug unermüdlich wieder und wieder in die Luft zu schießen. Dabei wirkt er so glücklich, dass ich einmal mehr die Worte meiner Oma verstehe, dass Schenken manchmal mehr Freude macht, als selbst etwas zu bekommen.

Am nächsten Vormittag finde ich im Altstadtviertel Vegueta all das, was ich in den letzten Tagen vergeblich gesucht habe: prunkvolle Häuser mit filigranen Holzbalkonen, dazwischen enge, gepflasterte Gassen, beeindruckende Kirchen, beschauliche Plätze unter großen Bäumen. Die Türme der Kathedrale Santa Ana dominieren das Stadtbild. Dieser älteste Teil von Las Palmas wurde schon im 15. Jahrhundert gegründet und könnte auch gut in Mexiko oder Kuba liegen. Kein Wunder, denn er war Vorbild vieler Kolonialstädte – quasi ein Prototyp, der anschließend in Lateinamerika in Serienproduktion ging.

Den gesamten Nachmittag und Abend verbringe ich damit, im Zickzack in Richtung Norden zurück nach Santa Catalina zu gehen. Ein paar Mal drehe ich mich um, weil ich das unbestimmte Gefühl habe, beobachtet zu werden, tue es dann aber als Paranoia ab. Mit jedem Stadtteil, den ich mich weiter von Vegueta entferne, werden die hübschen Kolonialhäuser weniger und die moderneren Wohnblöcke mehr. Das direkte Nachbarviertel Triana aus dem 16. Jahrhundert gefällt mir noch gut, und wäre ich kein ausgesprochener Shoppingmuffel, würde mich vor allem die Calle Mayor de Triana sicher begeistern.

Ich biege ab in schmalere, einsamere Gassen, will weg vom Trubel und mir anschauen, wie die Stadt abseits der Prachtstraßen aussieht. Hätte ich doch nur auf mein Bauchgefühl gehört! Aus einer Seitengasse taucht er plötzlich auf, stellt sich vor mich und versperrt mir den Weg. Er grinst süffisant. Nur noch einzelne schwarze Zähne hängen schief in seinem fauligen Mund. Seine Haare und Kleidung hat er wahrscheinlich das letzte Mal vor Monaten gewaschen, und entsprechend stinkt er auch. Eigentlich bin ich ihm körperlich überlegen, doch mich beunruhigt, wie er seine rechte Hand permanent zitternd hinter seinem Rücken versteckt.

„Diese Gegend kann aber sehr gefährlich für eine schöne junge Frau wie dich sein, allein im Dunkeln! Man kann nie wissen, was für schräge Gestalten hier auf dich warten."

Das Wort „warten" betont er besonders. Ich versuche, ihn zu ignorieren, und gehe im Bogen um ihn herum. Er lässt mich passieren, und ich bin erleichtert. Für wenige Sekunden, bis ich bemerke, dass er mir folgt. Ich laufe zügig, ohne aber zu rennen. Noch hoffe ich, dass ich ihn auch ohne größeres Drama loswerde. Weil mir kein Ausweg einfällt, beschleunige ich meine Schritte weiter, immer schneller und schneller, doch er folgt mir nach wie vor.

„Bitte, lassen Sie mich in Ruhe, ich muss jetzt zu meinem Freund, der wartet schon!", sage ich bestimmt.

„Ach ja? Dafür bist du aber den ganzen Nachmittag ziemlich planlos durch die Stadt geschlendert!"

Jetzt überschlagen sich meine Gedanken.

„¡Déjame en paz!", schreie ich ihn an. Lass mich in Frieden!

Hat er mich wirklich die ganze Zeit verfolgt? Wo bin ich eigentlich? Und wo sind plötzlich all die Menschen hin, die vorhin noch unterwegs waren? Jetzt renne ich durch Gassen, so schnell ich kann, biege so häufig ab wie möglich und verlaufe mich immer mehr. Bald habe ich keine Ahnung mehr, wo ich bin, obwohl ich sonst ein gutes Orientierungsvermögen habe. Ich drehe mich nicht um, darf keine Zeit verlieren, höre aber noch lange den Hall seiner Schritte hinter mir. Und sein Keuchen.

Ich höre Musik, wo Musik ist, sind Menschen, und Menschen sind meine Rettung. Am Ende erlösen mich die Heiligen Drei Könige. Oder vielmehr die Menschenmasse, die sich zum Umzug der Heiligen Drei Könige versammelt hat. Ich laufe direkt auf die Masse zu und verschwinde in ihr. Atemlos drehe ich mich um und suche nach meinem Verfolger, doch ich scheine ihn abgeschüttelt zu haben. Ich gehe unter in der Masse und war noch nie so froh darüber.

Der Umzug bewegt sich in die entgegengesetzte Richtung, als ich müsste, aber ich schließe mich an, weil ich befürchte, dass er irgendwo außerhalb der Menschenmenge auf mich wartet; wieder und immer noch wartet. Ein unwirklicher Kontrast: Plötzlich bin ich mitten in dieser ausgelassenen Meute feiernder Menschen und glücklicher Kinder, die zu lauter Partymusik um karnevalsähnliche Wagen springen und sich über Unmengen Süßigkeiten freuen. Nach zwei Stunden bin ich wieder dort, wo ich vor Stunden auch schon war: in der Altstadt. Jetzt weiß ich auch, wofür die Vorbereitungen hier vorhin waren. Mittlerweile ist eine Massenparty mit Livemusik unter freiem Himmel ausgebrochen. Unter anderen Umständen hätte ich es sicher genießen können, doch jetzt will ich einfach nur in mein Zimmer. Es dauert Ewigkeiten, bis ich ein freies Taxi finde.

Endlich im Bett, beschließe ich, am nächsten Tag die Insel zu verlassen. Bisher sind wir, Gran Canaria und ich, nicht warm miteinander geworden.

Im Café am Gate lese ich gedankenversunken mein Fliegermagazin „Avion & Piloto". Als ich aufschaue, steht er vor mir. Einfach so, direkt gegenüber. Statt auf mich, schaut er allerdings auf die Bocadillo-Auswahl in der Theke hinter mir. Er könnte gut einer der Anzeigen in meinem Magazin entsprungen sein: „Werde Pilot mit Spaniens führender Flugschule!", darunter das Foto eines Kapitäns und seiner lachenden Crew. Oder so ähnlich. Er ist groß, schlank und sieht umwerfend aus in seiner dunkelblauen Uniform.

Ich verhalte mich bereits peinlich. Das bemerke ich daran, dass ich bewusst versuche, „normal" zu wirken. Ich versuche krampfhaft, möglichst lässig dazusitzen, mein Magazin zu lesen und meinen Kaffee zu trinken. Stattdessen überfliegen meine Augen den eben noch so interessanten

Artikel nur, kein Wort davon wird von meinem Gehirn mehr zu Sinn verarbeitet. Immer wieder muss ich mich zwingen, ihn nicht zu offensichtlich zu beobachten. Ich verbiete mir auch, häufiger als einmal meine Haare mit den Fingern zu richten. Auf die Schnelle kommt da jetzt wohl kein neues Volumen mehr rein.

„Ihr Binter-Canarias-Flug nach Lanzarote steht nun zum Einsteigen bereit."

Jetzt hängt alles am richtigen Timing. Ich passe den Moment ab, in dem seine Kollegen beginnen, ihren Tisch abzuräumen, und stelle mich in die Warteschlange. Und tatsächlich: Er, sein Copilot und zwei männliche Flugbegleiter, die offensichtlich Gefallen aneinander gefunden haben, stellen sich hinter mir an. Gleichzeitig kontrolliert je eine Binter-Mitarbeiterin unsere Bordkarten. Genug Zeit, heimlich rüberzuschielen. Was ich sehe, gefällt mir: einen deutschen Pass und ringfreie Finger.

Ob seine Wahl zufällig war? Jedenfalls setzt er sich im Flugzeug genau hinter mich. Vorsorglich hatte ich eine Sitzreihe gewählt, hinter der noch eine frei war. Den gesamten Flug über starre ich immer wieder aus dem Fenster und drehe mich dabei möglichst weit zu ihm, um ihm Gelegenheit zu geben, mich anzusprechen. Macht er aber nicht. Dann beantworte ich auf meinem iPad Theoriefragen zur Privatpilotenlizenz. Das tue ich zwar in letzter Zeit häufiger, wenn ich Fahrtzeiten sinnvoll nutzen will, aber üblicherweise nicht auf Flügen, da schaue ich lieber aus dem Fenster. Dass ich es diesmal trotzdem tue, hat eher damit zu tun, dass ich ihm den Einstieg ins Gespräch erleichtern möchte. Dabei habe ich keine Ahnung, ob er daran auch nur das geringste Interesse hat. Wenn ich ehrlich zu mir bin, vermute ich, dass er mich noch nicht einmal bemerkt hat und in Gedanken vielleicht bei seiner Frau und seinen Kindern ist.

Warum sollte er auch Single sein, nur weil er keinen Ring trägt?

In meiner Fantasie gehe ich all die spannenden Möglichkeiten durch, wie er mich ansprechen könnte. Unter uns tauchen die Papagayo-Strände auf und mit ihnen die Euphorie, die ich schon bei meiner ersten Ankunft hier gespürt hatte.

„Flight attendants, prepare for landing, please." Die Ansage aus dem Cockpit reißt mich aus meinen Tagträumen. Abgelenkt durch meine Gedanken, habe ich eine Weile nicht die richtige Antwort ausgewählt. Plötzlich tippt er von hinten auf die Lösung, seinen Arm mühsam durch den schmalen Spalt zwischen den Lehnen gestreckt. Das war die letzte Frage aus dem Themenblock, und mein Lernprogramm teilt mir mit einem lauten Tusch und einem Feuerwerk auf dem Bildschirm mit: „Herzlichen Glückwunsch! Sie haben gewonnen. Alles richtig gemacht!" Ich muss lachen. Ob mein Programm da nicht ein bisschen vorschnell urteilt? Immerhin hat das Spiel begonnen.

„Hi, ich bin Benjamin, die meisten nennen mich Ben", stellt er sich vor.

Wir quetschen ein erstaunlich ergiebiges Gespräch in die wenigen Minuten zwischen Landung und Koffer-vom-Gepäckband-Heben, tauschen Nummern aus und verabreden uns zum Abendessen. Was für eine Ankunft auf meiner schönen Insel! Sergio, Carmen und Celio holen mich vom Flughafen ab, er steigt in seinen Crewbus. Lachend schütteln wir den Kopf, noch ein wenig ungläubig über unsere spontane Verabredung für heute Abend.

Lanzarote. Nach umfangreichen Styling-Aktionen, die möglichst nicht nach solchen aussehen sollen, mache ich mich mit Pablo auf den Weg nach Arrecife. Wir treffen uns am

Gran Hotel, dem einzigen Hochhaus der Insel, das kann er nicht verfehlen. Wie begrüße ich ihn nur? Wir entscheiden uns für die spanische Variante des angedeuteten Küsschen-Küsschen. Wobei er sie nach dem zweiten Küsschen als beendet betrachtet, während ich auf ein drittes gesetzt hätte, das nun peinlich in der Luft hängen bleibt. Warum gibt es für solche Fälle keine international einheitlichen Begrüßungsregeln?

Wir essen bei meinem Lieblingsmexikaner und schlendern stundenlang durch die laue Nacht, obwohl meine Absätze eindeutig zu hoch für derart ausgedehnte Spaziergänge sind; eine Einsicht, die ich natürlich für mich behalte. Beim Versuch, trockenen Fußes zwischen zwei Wellen auf eine kleine Sandbank zu sprinten, verliert er. Irgendwann, während unserer zweiten Runde um die Lagune Charco de San Ginés, frage ich ihn nach Frau und Kindern – nur um sicherzugehen.

„Habe ich noch nicht", antwortet er, und all die kleinen Fischerboote im spiegelglatten Wasser, die Brücken und weißen Häuser mit Palmen davor erscheinen mir noch hübscher im warmen Licht der Straßenlaternen als bisher.

Einen magischen Abend und eine halbe Nacht später haben wir bereits unsere erste gemeinsame Sandburg gebaut, uns unsere halbe Lebensgeschichte erzählt und den Hochsitz der Rettungsschwimmer zu einem virtuellen Cockpit umfunktioniert.

Am frühen Morgen sind wir die Letzten in einer Bar und werden durch das Ausschalten der Musik und des Lichts unmissverständlich darauf hingewiesen, dass wir jetzt bitte gehen sollen. Wir setzen uns auf die Treppen zum Strand und tun alles, was wir können, um den Abschied hinauszuzögern. Fast alles.

„Du könntest ja theoretisch ..."

„Nein“, unterbreche ich ihn, „ich fahre heim.“

Als es anfängt zu regnen, wird es Zeit dafür.

Morgen Vormittag fliegt er zurück nach Deutschland, und in seinem Flugplan ist erst in zwei Wochen wieder ein Stopp mit Aufenthalt auf den Kanaren geplant. Immerhin geht es direkt nach Lanzarote.

„Sag mal, Saul, was machen die dort?“, frage ich.

„Die sind einfach nicht mehr ganz dicht.“

„Sicher?“

„Siehst du doch!“

Eine unbefriedigende Antwort; ich brauchte eine andere. Schon seit Tagen war mir dieses merkwürdige Verhalten der Leute aufgefallen. Normalerweise sah ich kaum je einen Menschen in der Sandwüste El Jable hinter Famara, doch vor Kurzem hatte sich das schlagartig geändert. Sie gehen langsam, sehr langsam im Kreis und starren andächtig auf den Boden. In Grüppchen oder einzeln, viele halten dabei einen Esslöffel in der Hand. Was machen sie dort?

Carmens Freundin Otilia weiß die Antwort, und deshalb gehen ein paar Tage später auch wir mit gesenktem Blick und einem Löffel in der Hand im Kreis, gelegentlich auch im Zickzack. Das hängt von den gelben Blümchen und den Rissen im Boden ab. Denn nach denen suchen wir, erklärt Otilia uns und dem schwedischen Pärchen, das sich unserer Suche spontan anschließt.

Kanarische Sonnenröschen blühen nach den winterlichen Regenfällen in El Jable zurzeit überall, und neben manchen von ihnen deuten kleine Risse im Sandboden darauf hin, dass vorsichtiges Buddeln mit dem Löffel oder den Fingern Wüstentrüffel zum Vorschein bringen könnte. Sie gehören nicht zu den echten Trüffeln, gelten aber dennoch als Delikatesse in Spanien, Nordafrika und Saudi-Arabien.

Sie werden hier „papas crías“ genannt und sehen den kanarischen Kartoffeln ähnlich, sind jedoch weicher. Da der Pilz in Symbiose mit dem Sonnenröschen lebt, suchen wir nur in unmittelbarer Nähe der Pflanzen. Die Risse im Boden können durch das Wachstum der Wüstentrüffel verursacht worden sein, sind also gute Indizien.

Blümchen, Riss, Trüffel; Blümchen, Blümchen, Riss, trotzdem kein Trüffel, Blümchen ... So geht das stundenlang und macht deutlich mehr Spaß, als man vermuten würde. Mir zumindest – und den anderen anscheinend auch. Ich habe schon als Kind gern Pilze gesucht, und hier kommt noch der Überraschungseffekt dazu, ob man auch wirklich etwas findet, nachdem man eine vielversprechende Stelle identifiziert hat. Das ist wie Pilzesuchen und Ostern zusammen. Auch der Gedanke amüsiert mich, dass jetzt andere Zuschauer mich für bekloppt halten, weil ich nach etwas suche, von dessen Existenz sie keine Ahnung haben. Dasselbe Verhalten mit großen Bäumen drum herum würde deutlich weniger sonderbar wirken.

Auch der gelegentliche Blick in die Ferne ist schön. So bunt habe ich Lanzarote noch nie gesehen. Der flache Teppich, grün und mit gelben Punkten, erstreckt sich optisch von hier bis zum dunkelblauen Meer, am Horizont die beige- bis orangefarbenen Vulkanhügel von La Graciosa, darüber der blaue Himmel mit vereinzelten, langsam ziehenden Schäfchenwolken.

Ich finde nur wenige Trüffel mit etwa zwei Zentimetern Durchmesser; die Plastiktüten der anderen wölben sich dagegen deutlich nach außen. Ein älterer Herr zeigt stolz seinen Prachtfund eines besonders großen Exemplars. Eine Gruppe von drei Französinnen würde offensichtlich auch gern unter einem Riss nachsehen, ob sich dort ein Wüstentrüffel verbirgt, doch die Sorge, dass ihre hübsch manikürten

Fingernägel dabei auch hübsch manikürt bleiben, scheint ihre Neugier zu besiegen. Sie tippeln davon, und ich schaue nach: mein bester Fund des Tages!

In Gedanken sehe ich mich schon von nun an täglich in Butter geschwenkte Pasta mit Trüffeln essen. Doch die typisch kanarische Zubereitungsvariante erfahre ich, als wir abends gemeinsam mit Otilia bei uns kochen. Oder auch nicht kochen, vielmehr braten wir.

„Sie dürfen niemals gewaschen oder geschält werden, wir putzen nur den Sand ab“, erklärt Otilia.

Wir schneiden die Pilze in Scheiben und braten sie mit viel Knoblauch in Olivenöl. Wir essen sie mit Gambas. Andere geben laut Otilia auch gern Eier und Schinken dazu. Es schmeckt allen hervorragend, auch wenn doch noch das ein oder andere Sandkorn zwischen den Zähnen knirscht. Im Vergleich zu echtem Trüffel schmecken sie jedoch deutlich weniger würzig, in der Intensität eher vergleichbar mit den typischen Pilzen deutscher Mischwälder.

Fröhliche Erwartung in der Ankunftshalle am Flughafen. Einige Helium-Luftballons mit der Aufschrift „Welcome home!“ schweben über den Köpfen der Masse. Blumensträuße, Namensschilder, weniger euphorische Reiseleiter mit Klemmbrett und Gästelisten in der Hand. Mit jedem Mal, wenn sich die Schiebetür öffnet, steigt meine Spannung und flaut wieder leicht ab, wenn es doch erst die Reisenden aus Gran Canaria waren. Einer nach dem anderen darf seinen ersehnten Ankömmling in die Arme schließen.

Ben fliegt erst morgen weiter, wir haben also Zeit für ein ausgedehntes Tages-Date. Die Reiseplanung übernehme ich, den Transport Pablo. Ben ist höflich genug, sich nicht anmerken zu lassen, dass Pablo nicht ganz dem Standard der Autos entspricht, die in seiner eigenen Garage stehen.

Wir beginnen im Timanfaya-Nationalpark, dem größten Lavafeld der Erde, das ein Viertel der Insel bedeckt. Dort finde ich auch die Antwort darauf, wohin die Dromedar-Karawane unterwegs war, die ich eines Morgens durch Uga ziehen sah. Hunderte der Tiere warten am riesigen Parkplatz auf die Menschenmassen, die aus Reisebussen steigen, um sich dann von den Dromedaren in zwanzig Minuten durch einen winzigen Teil der Feuerberge schleppen zu lassen. Wir entscheiden uns für die weniger peinliche 45-minütige Busfahrt durch das Zentrum des Nationalparks, die zwar ebenfalls touristisch ist, aber auch die einzige Möglichkeit, die Feuerberge zu sehen, denn es ist verboten, sich in deren Zentrum allein ohne Führung aufzuhalten. Dabei erfahren wir, dass die Ausbrüche von 1730 bis 1736 andauerten und Lava aus mehr als einhundert Vulkanen mit über dreihundert Kratern fünfzehn Dörfer begrub. Verletzt wurde niemand. Langsam fahren wir durch eine bizarr schöne Landschaft aus schwarzen, roten und braunen Hängen, Kratern und scharfkantigen schwarzen Lavaformationen.

Zurück am Aussichtspunkt „Islote de Hilario" demonstrieren uns Mitarbeiter des Nationalparks, welch enorme Temperaturen hier dicht unter der Erdoberfläche herrschen. Ein Mitarbeiter gießt einen Eimer Wasser in ein Rohr, das in den Boden eingelassen ist. Nach wenigen Sekunden schießt das Wasser explosionsartig gleich einem Geysir lautstark einige Meter in die Höhe. Ein anderer legt mit einer Heugabel einen trockenen Strauch in ein vielleicht ein Meter tiefes Loch: Binnen Sekunden geht er in Flammen auf. Der nächste schaufelt uns ein paar Steinchen auf die Hände, die er dicht unter der Erdoberfläche gesammelt hat. Sofort lassen wir sie wieder fallen – sie sind zu heiß. Man mag das als Touristenattraktion abtun, aber allein, dass es wenige Zentimeter unter dem Boden, auf dem ich stehe, derart heiß ist, beeindruckt mich. Grund dafür ist eine Magmakammer unter diesem Gebiet und über Spalten und Risse aufsteigender überhitzter Wasserdampf. Von mehr als einhundert Grad Celsius nur zehn Zentimeter unter der Oberfläche ist die Rede, die bis auf mehrere hundert Grad ein paar Meter tiefer ansteigen.

Die Hitze wird genutzt, um im angrenzenden Restaurant „El Diablo" Fleisch und Fisch auf einem Rost über einem sechs Meter tiefen Loch zu grillen. Wir besichtigen den runden, oben offenen Raum, halten die Hitze aber nicht lange aus.

Das Restaurant ist eins der vielen Werke des genialen Architekten und Künstlers César Manrique. Weil Ben begeistert davon ist, beschließe ich, meine ursprünglich geplante Sightseeing-Route um zwei weitere von Manrique geschaffene Sehenswürdigkeiten zu erweitern.

Manrique hat nicht nur einzigartige Bauwerke geschaffen, sondern auch das Gesamtbild Lanzarotes so nachhaltig positiv beeinflusst wie niemand sonst. Er sah seine geliebte Heimatinsel als Gesamtkunstwerk, das er noch weiter verschönern wollte. Zusammen mit Freunden im Inselrat stellte er den „Plan Insular de Lanzarote" auf, der zum Ziel hatte, Lanzarote vor den schlimmsten touristischen Bausünden zu bewahren. Die größeren Nachbarinseln wie Teneriffa und Gran Canaria waren längst davon überwuchert. Vieles, was mir hier besonders gut gefällt, ist seinem Engagement zu verdanken: die einheitlich weißen Häuser zum Beispiel, flach und kubisch angelegt und nur durch grün gestrichene Fensterrahmen und Türen verziert und gelegentliche minarettartige Türmchen. Auch wenn sich größere Hotelanlagen nicht ganz, wie von ihm gewünscht, vermeiden ließen, konzentrieren sie sich doch auf die drei begrenzten Gebiete Costa Teguise, Puerto del Carmen und Playa Blanca und orientieren sich in den meisten Fällen am von ihm propagierten Stil.

Das Gebäude seiner Stiftung „Fundación César Manrique" in Tahiche ist der perfekte nächste Stopp, da auch dieses von den Vulkanausbrüchen zwischen 1730 und 1736 geformt und dann von César Manrique gestaltet wurde. Auf den ersten Blick wirkt es wie viele andere Wohnhäuser der Insel auch: eingeschossig, mit Flachdach und braunen Fensterrahmen, weißen Mauern auf schwarzem Lavagrund. Drinnen sind viele Arbeiten von Manrique ausgestellt, aber auch Werke von Miró und Picasso aus seiner Sammlung. Anders als von außen vermutet, gibt es doch ein Untergeschoss, und das ist die eigentliche Attraktion des „Taro de Tahiche": Hier hat Manrique fünf große unterirdische Lavablasen durch Gänge verbunden und zu Wohnräumen gestaltet. Jede im eigenen Stil und mit einer vorherrschenden Farbgestaltung. Eine „rote Blase" und eine „weiße Blase" gibt es zum Beispiel, eine wird als Atelier genutzt, eine andere ist von einer riesigen Sofaecke dominiert. Im Außenbereich wieder der typische Kontrast aus schwarzem Lavagestein und strahlend weißen Flächen, aufgelockert durch das Grün von Palmen und anderen Pflanzen und das helle Türkis des Pools.

Auf dem Weg zum Mirador del Rio im Norden der Insel fahren wir durch den ursprünglich gebliebenen Ort Haria im „Tal der tausend Palmen". Wir nehmen dorthin den Weg von Teguise über Los Valles durch die Täler im Landesinnern, weil ich Ben die Aussicht vom Mirador de Haria auf dem Weg zeigen möchte. Von hier aus schauen wir über das gesamte Haria-Tal bis zur Ostküste Lanzarotes. Der Wind ist kühl, und ich täusche ein leichtes Frösteln vor. Er versteht sofort, nimmt mich in den Arm.

Ben kann nicht glauben, wie grün es jetzt im Winter

hier ist. So hat er Lanzarote noch nie gesehen: saftig-grüne Wiesen, die Terrassenfelder überzogen mit ganzen Teppichen voller gelber und violetter Blumen, Schmetterlinge flattern umher. Welch ein Kontrast zu der kargen Mondlandschaft im Timanfaya-Nationalpark vorhin.

Den Blick vom Mirador del Rio auf die kleine Nachbarinsel La Graciosa findet Ben genauso beeindruckend wie ich. Der von Manrique gestaltete Aussichtspunkt ist perfekt in das Famara-Massiv integriert und liegt 475 Meter über dem Meer. Möwen und Gleitschirmflieger ziehen über uns hinweg. Wir trinken einen Kaffee und schauen durch die gigantischen Panoramascheiben nach draußen.

„Dort drüben müssen wir mal Urlaub machen!", schwärmt er und deutet auf La Graciosa.

„Und genau hier müssten wir unser Haus bauen, mit exakt diesem Blick", vervollständigen wir unsere Träumereien.

Februar

GRAN CANARIA. „We will be landing shortly at our destination Gran Canaria. Please …“

Und da ist es, dieses flaue, schöne, kribbelige Gefühl in der Magengegend, vielleicht so präsent wie noch nie. Nur noch ein paar Minuten, und ich sehe Ben wieder. Vor uns liegen vier gemeinsame Tage. Eine Premiere. Habe ich vor einem Monat noch gedacht, es würde mich in naher Zukunft nicht wieder nach Gran Canaria ziehen, so kann ich es jetzt kaum erwarten, endlich da zu sein.

Unser letztes Treffen auf Lanzarote ist keine zwei Wochen her, aber sie erscheinen mir wie eine Ewigkeit. Ich schaue aus dem Fenster, ob ich sein Flugzeug irgendwo erkennen kann. Wir müssten etwa um dieselbe Zeit landen. Ich gestehe: Ich finde es sexy, dass er seine Maschine selbst fliegt. Und obwohl er sie „Karnevalskostüm“ nennt, mag ich auch seine Uniform. Männer wirken in Anzügen nun einmal attraktiver als in Jogginghosen.

Ich steige aus dem Flugzeug und sehe genau in diesem Moment, wie er landet. Ich habe also ein paar Minuten Vorsprung – schließlich muss er warten, bis alle Gäste ausgestiegen sind –, und den nutze ich, um den Crewausgang zu finden. Dort warte ich, halb versteckt hinter einem Pfosten. Die Tür geht auf, da ist er. Er sieht seriös aus zwischen seinen Kollegen. Ich trete hervor, er sieht mich und verliert augenblicklich jede seriöse Maske, denn jetzt grinst auch er so unkontrolliert wie ich.

Im Hotel in Las Palmas stellen wir nur seinen Koffer ab und mieten uns ein Auto. Es ist erst früher Vormittag, und auch morgen hat Ben den kompletten Tag frei. Die Zeit wollen wir nutzen, um uns das bergige Hinterland der Insel anzuschauen.

Von Las Palmas aus fahren wir über die gesamte Nord- und Nordwestküste. Die Straße schlängelt sich in weiten Abschnitten direkt an den steilen Klippen entlang, hoch über dem Meer. Noch überzieht ein grüner Schimmer die schroffen Felsen. Der schönste Teil der Fahrt beginnt ab Agaete und führt über Serpentinen durch den Nationalpark Tamadaba bis nach La Playa. Letzteres stellt sich als eine kleine Ansammlung von Häusern an einem dunklen Kiesstrand heraus. Wir finden eine Bar und planen bei einem Cortado unsere weitere Route.

Die Höhlenwohnungen in Artenara, der höchst gelegenen Gemeinde der Insel, wollen wir uns noch auf unserem Weg in Richtung Inselmitte anschauen. Im Gegensatz zu den Höhlen, die ich auf La Palma gesehen habe oder die auf La Gomera von Hippies bevölkert werden, sollen sie eher die Eigenschaften von kompletten Wohnungen haben, deren hinterer Teil unter einen Felsüberhang gebaut wurde, während ihre Fassaden an der Straße kaum von denen anderer Häuser zu unterscheiden sind. Und so ist es. Die gesamte Felswand darüber ist mit Netzen bespannt, um Steinschlag zu verhindern. Das Schönste an dieser Höhlenhäuserzeile ist ihr Ausblick auf die Berge und das weite Tal. Auch eine Höhlenkapelle gibt es.

Je weiter wir in die Berge fahren, je höher die Gipfel und tiefer die Schluchten werden, desto bewusster wird mir, wie unvollständig mein Bild von der Insel war. Manche Canyons in der Inselmitte erinnern mich an die von La Gomera, doch die Gegend hier ist weitläufiger. Teile der Steilküste im Nordwesten sehen dem Teno-Massiv auf Teneriffa ähnlich. Ich entdecke Höhlenwohnungen wie auf La Palma.

„Was meinst du, sollen wir in den Bergen übernachten und uns morgen den Rest anschauen?“, fragt Ben.

Natürlich gefällt mir sein Vorschlag. Noch begeisterter bin ich davon, als ich sehe, wo wir übernachten werden: in einem Hotel mit Spa in Cruz de Tejeda auf 1500 Metern Höhe am Rand eines Pinienhains. Cruz de Tejeda gilt als geografischer Mittelpunkt der Insel und ist eher ein Kreuzungspunkt verschiedener Landstraßen als ein Ort. Hühner laufen frei herum, ein Mann führt seinen Esel. An festen Verkaufsständen werden warme Pullover, Obst und kanarische Spezialitäten wie Bienmesabe – eine Mandelcreme mit Zucker, Ei und Zitrone – angeboten.

Der Panoramablick vom Balkon reicht über weite Teile des schroffen Berglands bis zum Roque Nublo, den wir uns morgen aus der Nähe anschauen wollen. Doch für heute haben wir genug gesehen; Bens Tag hatte lange vor Sonnenaufgang begonnen. Die Berggrate wirken in der dunstigen Luft und warmen Abendsonne wie viele übereinandergemalte Zackenlinien auf der Kinderzeichnung eines Gebirges, fast unwirklich. Kaum zu glauben, dass es dieselbe Insel ist, auf der ich erst vor vier Wochen war.

Den Rest des Abends beschränkt sich unser Aktionsradius auf das Restaurant, den Spa-Bereich und unser Zimmer, und ich hätte ihn um keinen Meter ausdehnen wollen.

Am nächsten Vormittag halten wir am Parkplatz La Goleta, hier beginnen die zwei Wanderrouten, für die wir uns interessieren. Zuerst wollen wir uns den Roque Nublo, das Wahrzeichen von Gran Canaria, aus der Nähe anschauen. Der Weg vom Parkplatz zum Roque Nublo dauert nur eine gute halbe Stunde und soll die meist begangene Route der Insel sein. Als wir direkt vor ihm stehen, wirkt er beeindruckend mächtig. Der „Wolkenfels“ ist Teil eines alten Vulkanschlotes, der durch Erosion freigelegt wurde; übrig blieb der etwa achtzig Meter hohe Basalt-Monolith. Er soll schon von den Guanchen als heiliger Berg verehrt worden sein.

Unsere zweite Tour verdient schon eher die Bezeichnung „Wanderung“ und wird in Bens Wanderführer beschrieben als knapp fünfstündige, mittelschwere Rundtour um den Roque Nublo durch die bizarre Bergwelt des Zentrums. Wir wandern durch grüne Täler, Kiefernwälder, vorbei an Felsnadeln und Steilwänden, kommen durch einen blühenden Mandelbaumhain und verschlafene Ortschaften mit weißen Häuschen, auf Mauern sitzenden Herren und freilaufenden Hunden. In La Culata kehren wir in einer urigen Bar ein, bevor der letzte Teil des Pfades steil durch ein Kiefernwaldstück ansteigt. Verliebt läuft es sich leichter, und wahrscheinlich gibt es keinen romantischeren Zeitpunkt für eine Wanderung durch die Berge von Gran Canaria als zur Mandelblüte.

Am Abend sind wir zurück in Las Palmas und schlendern die Promenade an der Playa de las Canteras entlang, und alles ist anders als vor vier Wochen: Die Bausünden verschwinden in der Dunkelheit, der Strand ist taghell erleuchtet, das Meer wirft silbern das Licht der Scheinwerfer zurück. Wo ich auch hinschaue, sehe ich verliebte Pärchen im Kerzenschein an Restauranttischen. Ein Teenager-Pärchen skatet Hand in Hand. Ein älteres Ehepaar spaziert barfuß durchs flache Wasser; er hat seinen Arm um ihre Hüfte gelegt. Kellner flirten mit vorbeigehenden Damen in zu kurzen Kleidern. Menschen lachen, Straßenmusiker singen, Weingläser klirren beim Anstoßen, hohe Absätze klackern auf Asphalt. Weiße Kinder rennen um Afrikanerinnen in bunten Gewändern, die zu südamerikanischen Rhythmen tanzen, und ich beginne zu begreifen, warum Las Palmas als trikontinental bezeichnet wird.

Später schaue ich in meinem flauschigen Hotelbademantel aus dem Fenster im obersten Stockwerk des höchsten Hotels der Stadt auf all die funkelnden Lichter dort unten: ein schmaler Streifen Stadt, eingerahmt vom Meer auf nahezu allen Seiten. Es ist seltsam still und friedlich hier oben. Statt des erwarteten Autoverkehrs höre ich das Meer rauschen. „Das Leben ist kein Wunschkonzert", habe ich meine Oma im Ohr. Vielleicht doch?

Es wird noch besser: Am nächsten Tag fliege ich mit ihm für eine Nacht nach Deutschland. Spektakulär daran ist nicht Deutschland, sondern, dass in meinem Jahr hier damit schon mein zweiter größerer Wunsch (nach der Walbeobachtung im Meer) in Erfüllung geht: Ich darf zum ersten Mal im Cockpit mitfliegen. Nichts auf der Welt würde ich jetzt lieber tun, als hier mit ihm im Cockpit zu sitzen und auf meine Inseln dort unten zu schauen. Ich mag auch die heutige Arbeitsteilung: Er fliegt, sein Copilot funkt. Zwischen den intensiven Phasen bei Start und Landung hat er drei Stunden Zeit, mir wieder und wieder jeden Knopf und Schalter zu erklären.

Plötzlich bin ich wieder für eine Nacht mitten im eisigen Winter. Heute früh haben wir noch am Strand gefrühstückt, jetzt machen wir eine Schneeballschlacht und wärmen uns danach in der Hotelsauna wieder auf. Willkommen in seinem Leben. Schade, dass der Flug nicht nach Frankfurt ging. Ich hätte gern gesehen, wo er wohnt.

Am nächsten Vormittag fliegen wir nach Fuerteventura. Diesmal ist er für den Funk zuständig und sein Co – derselbe wie gestern – fragt mich ab, welche Funktionen von welchen Schaltern ich behalten habe. Es sind nicht sehr viele.

Fuerteventura. Meine Freude beim Anflug und die Spannung bei der Landung schlagen schnell in die ernüchternde

Erkenntnis um, dass damit unsere gemeinsamen Tage beendet sind und ich ihn erst Ende des Monats wiedersehen werde. In weniger als einer Stunde muss er zurück nach Deutschland fliegen.

Hätten wir die Möglichkeit gehabt, kurzfristig noch ein Standby-Ticket für mich zu bekommen, ich wäre einfach wieder mit ihm zurückgeflogen. Aber es gibt keine Option: Ich muss aussteigen, er muss zurück. Er begleitet mich aus dem Flugzeug, bis uns eine automatische Schiebetür zum Abschied zwingt, weiter kann er nicht mit. Wir stehen im schmalen Gang, beide mit Tränen in den Augen.

Noch lange bleibe ich planlos in der Ankunftshalle am Flughafen in Fuerteventura, unfähig, eine Entscheidung zu treffen, und unfähig, zu verstehen, was in den letzten Tagen passiert ist. Wieso nur fühle ich mich jetzt einsam, wo ich doch vor Kurzem noch zufrieden mit meinem Singledasein war? So müssen sich Junkies auf Entzug fühlen. Hätte ich denn nicht jemanden kennenlernen können, der an einem schöneren Ort wohnt, hier zum Beispiel? Ausgerechnet in Spanien muss ich mich in einen Deutschen verlieben, der noch dazu beruflich fest an Deutschland gebunden ist.

Dem Taxifahrer sage ich nur: „Bring mich in irgendein günstiges Hotel, in dem vermutlich noch etwas frei ist!" Und er fährt mich nach Caleta de Fuste.

Der Abend vergeht wie in Trance. Mein Apartment ist zwar wirklich günstig und dafür überraschend komfortabel, aber der Ort ist eher nichtssagend: ein reiner Urlaubsort, nichts Altes oder Gewachsenes, kein Stadtkern, stattdessen die üblichen Touristenläden voller Luftmatratzen, englischer Pubs, indischer, chinesischer und mexikanischer Restaurants, Supermärkte und Souvenirshops. Dazu die entsprechenden Menschen, die solche Orte bevölkern; hier hauptsächlich Engländer.

Am nächsten Morgen telefonieren wir stundenlang, und eher scherzhaft erzähle ich ihm, dass ich in einem großen Zweizimmer-Apartment wohne, in dem er sicher noch Platz finden würde. Ein winziger, hochgradig optimistischer Teil in mir drängt mich, ihm auch den Namen der Apartmentanlage und meine Zimmernummer zu verraten.

Den nächsten Tag verbringe ich am Strand. Ich habe keine Lust auf große Inseltouren, obwohl ich Fuerteventura noch nicht kenne. Der Strand in Caleta de Fuste erinnert weniger an den Atlantik als an einen ruhigen Baggersee, nur fällt der Strand flacher ins Wasser ab, als dies für einen See üblich wäre. Die perfekte Bucht für Familien. Und, jetzt fällt es mir auf: um meine verstaubten Windsurferfahrungen aus Teenagertagen wieder zu aktivieren.

Ich gehe zur Surfschule am anderen Ende des Strandes. Das letzte Mal windsurfen war ich mit vierzehn im heimischen Stausee. Der Wind ist heute schwach. Fast zu schwach, vermute ich. Aber der Typ von der Vermietstation behauptet überzeugend, dass er ausreichend sei, „um Spaß da draußen zu haben".

Also gut: „Für Zwei Stunden, bitte!"

Jetzt geschieht das Unfassbare: Obwohl ich in Spanien bin, fragt mich der Mitarbeiter, ob ich windsurfen gelernt habe und das nachweisen kann. Also gehe ich zurück zum Apartment und hole meinen Windsurfschein, von dem ich mir sicher war, dass ich ihn nie im Leben brauchen würde.

Als ich endlich auf dem Brett stehe, bin ich zwar kurz noch ein wenig wackelig, aber falle immerhin nicht herunter. Wie auch, ohne Wind? In der Zwischenzeit hat er so stark abgenommen, dass er für kanarische Verhältnisse kaum noch vorhanden ist. Als später selbst die Leute auf ihren Stand-up-Paddles schneller unterwegs sind als ich, gebe ich für heute auf.

Auch am Abend telefoniere ich mehrere Stunden mit Ben. Er verabschiedet sich mit dem Hinweis, dass er besser schlafen geht, weil er morgen früh aufstehen muss.

Und dann, ganz ohne Vorwarnung, ergänzt er: „Wenn es nicht zu früh für solche Aussagen wäre, würde ich sagen: Ich liebe dich!"

Die Aussage hat gereicht, um mich einen Großteil der Nacht wach zu halten. Lange nach Mitternacht stehe ich wieder auf und gehe am Strand spazieren. Niemand außer mir ist mehr unterwegs. Der Sternenhimmel ist klar, das Wasser ruhig.

Am späten Morgen werde ich durch das Klopfen an meiner Tür geweckt. Mein Puls rast. Kurz vergesse ich sogar zu atmen. Es ist die Putzfrau. Nein, sie kann später wieder kommen, oder auch gar nicht, ganz egal. Ich traue mich nicht, mir einzugestehen, dass ich enttäuscht bin, weil die Hoffnung so vermessen war.

Ich mache mir Frühstück und gehe duschen. Als ich komplett eingeschäumt bin, klopft es ein zweites Mal. Ich stelle das Wasser ab und warte einen Moment, doch ich höre weder eine Putzfrau rufen noch einen Schlüssel in der Tür. Ich gehe langsam ins Wohnzimmer, doch das Klopfen hat aufgehört. Stattdessen sehe ich eine rote Rose vor meinem Fester hin und her tanzen. Er ist wirklich gekommen!

Am nächsten Tag mieten wir ein Auto und fahren eine große Runde über die gesamte Insel. Die Strecken stellen sich als deutlich weiter heraus, als mir bewusst war. In der Hauptstadt Puerto del Rosario finden wir nichts, was unsere Aufmerksamkeit fesseln würde, und fahren sofort weiter die Küstenstraße entlang nach Norden zu den Dünen von Corralejo. Ich frage mich, warum viel häufiger von den Dünen in Maspalomas auf Gran Canaria geredet wird; hier ist es mindestens genauso schön, dabei weitläufiger und man ist nicht von Bettenburgen umzingelt. Die Dünen sind zwar flacher, dafür deutlich weniger überlaufen, und auch dort, wo sie ans Wasser grenzen, verteilen sich die wenigen Badegäste auf den ewig langen Sandstrand. Das Wasser ist klar und strahlend türkis – wie auf den Postkarten, die ich früher für ein Produkt von Photoshop hielt.

Ganz im Norden angekommen, fahren wir über die Inselmitte wieder nach Süden. Die Insel erscheint überwiegend braun oder beige, nur stellenweise von einem leichten Grünschimmer überzogen. Vom Mirador de Morro Velosa auf knapp 650 Metern Höhe blicken wir zurück bis zu den nun weit entfernten Dünen. Daran, wie das Restaurant, die Terrasse und der umliegende Garten gestaltet sind, erkennen wir sofort, dass hier wieder César Manrique am Werk gewesen sein muss. Das riesige Panoramafenster sieht aus wie das Gemälde einer weiten, sanft gewellten Hügellandschaft. Nichts ist schroff wie vielerorts auf den Nachbarinseln, alles scheint weich dahinzufließen.

Drei Kilometer weiter südlich halten wir in Betancuria. Der Ort ist hübsch gepflegt, mit Blumenkästen und Palmen verziert, und im Gegensatz zu den meisten Häusern auf Fuerteventura sind hier alle weiß wie auf Lanzarote. Betancuria ist der wohl schönste Ort der Insel, zudem der älteste der gesamten Kanaren: Betancuria wurde 1404 von dem Eroberer Jean de Béthencourt gegründet. Sein Neffe gründete übrigens zwei Jahre später Teguise, die für mich hübscheste Stadt auf Lanzarote.

Immer wieder sehen wir alte Windmühlen in der welligen Landschaft. Bis zur Südspitze der Halbinsel Jandía schaffen wir es nicht vor Einbruch der Dunkelheit. Schlecht vorbereitet, ist unser letzter Stopp der Touristenort Costa Calma, dabei hätten wir mit nur weiteren fünf Minuten Fahrt nach Süden den Traumstrand Playa de Sotavento erreicht.

Schon am nächsten Tag muss Ben zurückfliegen, und ich nehme die Fähre von Corralejo nach Lanzarote.

Lanzarote. Ich treffe Miguel, unseren Vermieter, im Treppenhaus. Er arbeitet in einer hohen Position bei der Inselregierung und putzt hier wie selbstverständlich unser Treppengeländer. Fenster und Fußboden glänzen noch nass. Ich schlage ihm vor, dass wir Hausbewohner uns doch wöchentlich mit dem Treppenputz abwechseln könnten, dann müsste er dafür nicht extra herkommen. Miguel lacht, als hätte ich ihm einen Witz erzählt. „Wie sollte das denn funktionieren?"

„Na einfach so, jede Woche ist einer dran."

„Aber warum sollten sie das tun?"

Darauf weiß ich auch keine Antwort. Miguel geht kopfschüttelnd mit seinem Putzeimer davon. „Ja, in Deutschland funktioniert das." Und ich frage mich, ob ich mir vorstellen könnte, wie ein deutscher Politiker auf der Treppe hockt und den Hausflur seines Mietshauses schrubbt.

„Ach, übrigens", ruft er mir nach, „Ende des Monats wird die kleine Wohnung über euch frei, falls du Interesse hast!"

Der Satz schlägt ein wie ein Blitz. Perfekt! Ich hätte mehr Ruhe zum Arbeiten, ohne dabei auf meinen Familienanschluss und die Grillabende mit den Jungs aus der Surfer-WG im Erdgeschoss verzichten zu müssen. Ich müsste mich noch nicht einmal ummelden. Ich renne auf den Balkon und erwische Miguel gerade noch, bevor er ins Auto steigt.

„Ich nehme sie!", rufe ich, und Miguel hält nur seinen Daumen in die Höhe.

Ein paar Tage später ziehe ich um; das heißt, ich packe meine Klamotten in den Koffer und schaffe alles eine Etage höher. Dann hole ich meinen Bücherstapel und stelle ihn ins gemauerte Regal im Wohnzimmer zu den anderen Büchern, die schon darin stehen: ein Mix aus spanischen, englischen und deutschen Büchern, von denen ich sicher einige lesen werde. Ich räume die ausgestopften Vögel aus dem Regal und verstaue sie ganz hinten in einer Box in meinem Kleiderschrank. Celio schenkt mir zum „Abschied" mein Lieblingsbild von ihm: das gerahmte Porträt eines riesigen Weißkopfseeadlers. Es ist mir unbegreiflich, wie ein kleines Kind derart schön zeichnen kann. Ich freue mich sehr darüber, als ich es ins Wohnzimmer hänge und damit meinen Umzug zehn Minuten nach dessen Beginn abschließe.

Die Wohnung hat den perfekten Schnitt: nur ein Schlafzimmer, aber dafür eine Terrasse, die fast die Hälfte der gesamten Grundfläche einnimmt. Der Mietpreis von 450 Euro ist für Famara vergleichsweise günstig. Ein weiteres Plus: Telefon- und Internetanschlüsse sind bereits installiert und funktionieren tadellos. Dafür bin ich besonders dankbar, denn ich erinnere mich an unzählige Diskussionen mit immer anderen Callcenter-Mitarbeitern der spanischen Telefongesellschaft Telefónica, als ich damals auf Mallorca zwar schon wochenlang Rechnungen bekam, mein Internet aber nach wie vor nicht und mein Telefon nur sporadisch funktionierte. Ich stelle meinen Laptop auf den Esstisch, und schon ist auch mein Arbeitsplatz fertig, den ich in den nächsten Monaten dringend wieder mehr nutzen sollte.

Meinen neuen britischen Nachbarn kannte ich bisher kaum, und als ich ihn und fünf seiner Kumpels am nächsten Tag kennenlerne, bin ich nackt. Zu verdanken habe ich diesen Umstand dem sonderbaren Eigenleben meiner Wohnungstür, die sich zwar teilweise nur mit grober Gewalt aufschließen lässt, dann aber wieder ohne erkennbaren Grund weit aufspringt. Genau das tat sie auch, als ich aus der Dusche kam und mein Handtuch holen wollte, das ich im

Wohnzimmer zum Trocknen aufgehängt und dann vergessen hatte.

„Hi, I'm Matt, nice to meet you!", stellt er sich vor und versucht, dabei möglichst unbeeindruckt von meinem peinlichen Auftritt zu wirken.

Ich verzichte darauf, ihm die Hand zu geben, und wickle mir stattdessen das Handtuch um den Körper.

„Really, really nice", ergänzt einer der anderen Jungs, der im Gegensatz zu Matt nicht höflich genug ist, sich sein Lachen zu verkneifen.

„Komm doch später rüber, wir grillen auf der Terrasse", schlägt ein Dritter vor.

Später am Abend gehe ich tatsächlich rüber und erfahre, dass Matt ein Geologiestudent aus London ist und an einer Masterarbeit zum Thema Vulkanismus arbeitet. Sein genaues Thema verrät er uns nicht, weil er nicht glaubt, dass wir es verstehen würden. Überhaupt redet er nicht gern. Das ist schade, denn ich vermute, er hätte viel zu sagen. Zumindest mehr als seine ebenfalls britischen Kumpels, die nach einigen Litern Bier mangelnden Inhalt mit Lautstärke zu kompensieren versuchen. Trotzdem ist es angenehm, wieder einmal nicht nach Vokabeln suchen zu müssen, sondern einfach draufloszuplappern.

Keine halbe Stunde, nachdem ich Miguel am nächsten Morgen von der kaputten Tür erzählt habe, steht er auch schon mit seinem Werkzeugkoffer davor. Innerhalb von kürzester Zeit baut er das alte Schloss aus und ein neues ein, überreicht mir die neuen Schlüssel und wirkt fast ein wenig enttäuscht darüber, dass mir nichts mehr einfällt, was er noch reparieren könnte. Unglaublich, ich hatte schon immer ein glückliches Händchen bei der Wahl meiner Vermieter.

März

Der Monat beginnt mit Männern in Stringtangas und dem Begräbnis der Sardine.

Karneval wird hier ausgiebig zelebriert; vielleicht auch deshalb, weil er in der Vergangenheit gleich mehrfach verboten wurde, zuletzt während der Franco-Diktatur. Trotzdem soll er weiterhin heimlich gefeiert worden sein: als Tanzveranstaltung in Gemeindehäusern mit Masken, die ihre Träger wirklich maskierten.

Das diesjährige Karnevalsthema auf Lanzarote sind die Olympischen Spiele. Jede Gemeinde feiert irgendwann innerhalb der Monate Februar und März, genau dann, wann sie Lust dazu hat. Sofern man denn will, und viele wollen, kann man also ununterbrochen über Wochen an Karnevalsumzügen teilnehmen, Choreografien der Karnevalsgruppen bestaunen, auf nächtlichen Straßenfesten bei Livemusik tanzen und bei abendlichen Shows auf dem Messegelände von Arrecife diverse Gewinner wählen. Die Karnevalskönigin und die Kinderkarnevalskönigin zum Beispiel, oder – noch beliebter – die Drag Queen des Jahres. Vor allem die Wahl der besten Murga-Gesangsgruppen betreibt man sehr gewissenhaft gleich in drei Auswahlphasen und mit großem Finale. In ihren Murga-Liedern besingen die Wettbewerbsteilnehmer gesellschaftliche Themen vor allem des vorangegangenen Jahres. Damit haben sie auch immer den Charakter eines satirischen Jahresrückblicks. Auch einen Murga-Wettbewerb für Kinder gibt es.

Mein erstes Karneval-Highlight ist kulinarischer Natur. Mit Sergio, Carmen und Celio habe ich mir vorgenommen, auf der großen Tapas-Messe von jedem einzelnen Stand zu kosten. Doch bei Verkaufsständen von 25 Restaurants mit jeweils vielen verlockenden Angeboten ist das nicht zu bewältigen. Wäre jeder Karnevalstag kulinarisch so ausgezeichnet begleitet worden, ich hätte vermutlich jeden einzelnen besucht.

In Las Palmas ist die Wahl der Drag Queen für viele das unangefochtene Highlight des Karnevals, und die Tickets sind oft nach weniger als einer Stunde ausverkauft, obwohl die Veranstaltung auch im Fernsehen übertragen wird. Jedes Jahr gibt es Menschen, die vor Verkaufsstellen campen, um auch ganz sicher ein Ticket zu bekommen. Bestimmt wird auch die Gala zur Drag-Queen-Wahl auf Lanzarote sehenswert sein, denn wer hier gewinnt, darf im nächsten Jahr zum Wettbewerb in Las Palmas antreten. Im letzten Jahr gewann dort sogar der Kandidat aus Arrecife vom vorletzten Jahr. Und genau der eröffnet auch die heutige Show auf dem Messegelände.

Naira und Enric verbergen nicht, dass sie eher mir zuliebe mitgekommen sind. „Ich war vor Jahren mal dort und fand es sehr … speziell", kommentierte Naira meinen Vorschlag.

Ich habe zu diesem Anlass ein einheitlich junges Publikum vermutet, stattdessen nehmen ganze Familien daran teil. Großeltern und Kinder beobachten gleichermaßen reichlich nackte Männerhaut in Miniatur-Frauenkleidern. Die Jury besteht unter anderem aus der diesjährigen Karnevalskönigin und dem Drag-Queen-Gewinner des Vorjahres. Zur Einstimmung hüpfen eingeölte Turner des Gymnastikclubs von Lanzarote in Badeanzügen zu „Y.M.C.A." über die Bühne.

Der erste Kandidat kommt als pinkfarbener Marienkäfer hereingestöckelt, nachdem irreführenderweise zuvor das donnernde Motorengeräusch eines knallharten Bikers eingespielt wurde. Er verliert seine rosafarbene Federboa-Perücke, trägt es aber mit Fassung. Ich schaue mich im Publikum um, bin mir unsicher, ob ich das jetzt gut finden muss oder ob auch andere Zweifel an der Ästhetik der Darbietung hegen. Ich blicke in amüsierte Gesichter, gelangweilte Gesichter und einige schockierte Gesichter und überlege, ob ein Zusammenhang zwischen dem Gesichtsausdruck der Zuschauer und der Alkoholkonzentration in ihrem Blut bestehen könnte. Wir nähern uns dem Höhepunkt seiner Vorführung. Er wirft den Marienkäfer-Rucksack ab und anschließend sein Korsett, bis er schließlich mit seinem kleinen Schwabbelbäuchlein nur noch im goldenen String mit nähfadendünnem Bändchen auf der Rückseite vor uns steht und ich augenblicklich verstehe, warum dieses Kleidungsstück allgemein eher von Frauen getragen wird.

Ich ertappe mich dabei, wie ich versuche, mich zu zwingen, die Show schön zu finden, weil ich als Ausländerin doch so gern die Kultur meines Gastlandes würdigen möchte. Immerhin: In einem Großteil der Gesichter sehe ich, dass dazu offensichtlich keine Verpflichtung besteht.

Der Nächste kommt als Indianerhäuptling auf die Bühne mit einer Art gigantischem Staubwedel in der Hand. Er verkündet: „No one ugly allowed!“ Und: „Put your fucking hands up!“ Er tut das auch, meistens allerdings, um seinen Kopfschmuck festzuhalten.

„Das ertrage ich nicht! Ich brauche etwas zu trinken!“, stöhnt Enric.

„Ja, hochprozentig bitte!“, stimmt Naira energisch zu. Enric verlässt das Festzelt und kommt einige Minuten später mit drei Margarita zurück.

Der Nächste versucht es als Elvis Presley, sowohl optisch als auch musikalisch. Seine Lippenbewegungen, die wohl den Gesang der Playback-Musik nachahmen sollen, wirken wie in einem schlecht synchronisierten Film. Schnell habe ich das Konzept verstanden: Männer in Frauenkleidung strippen, bis sie – vom Make-up und Stringtanga abgesehen – wieder wie Männer aussehen. Ihre High Heels haben eher die Funktion von Stelzen als von Schuhen. Es folgt ein Astronaut im ABBA-Look, der mit einer grünen Lichterkette verziert ist und mich an unseren Weihnachtsbaum erinnert.

Die Show gefällt mir mit dem nächsten Auftritt schlagartig besser. Ich weiß nicht, ob der Cocktail bereits seine Wirkung zeigt oder ob es daran liegt, dass nun eine ganze Heerschar Tänzerinnen und Trommler auf die Bühne drängt. Es folgt eine Bauchtanzgruppe; ausreichend Material zum Wackeln ist in den meisten Fällen vorhanden.

Die restlichen drei Kandidaten sind mit nun besserer Stimmung im Publikum leichter zu ertragen. Der letzte versucht sich als Stimmungsmacher und hüpft am Ende lässig in den Spagat. Alle applaudieren begeistert, und ich werde den Gedanken nicht los, dass es einige Ehemänner neben ihren durchaus ernsthaft begeisterten Frauen eher aus Erleichterung tun, weil sich die Show damit langsam dem Ende zuneigt.

Bei der Siegerehrung setzt der Moderator, der den bestiefelten Herren etwa bis knapp über den Bauchnabel reicht, auf Verzögerungstaktik. Als der Gewinner schließlich feststeht, kann er seine Tränen nicht mehr unterdrücken, hoffentlich nicht vor Schmerzen nach seinem erneuten Spagat. Mit dem Umhängen der Gewinnerschärpe hat er den Stoff um seinen Körper locker verdoppelt. Eine erste und zweite Brautjungfer werden ebenfalls gewählt und zusätzlich die „Drag Simpatía“. Vier Gewinner, drei Verlierer, das ist doch ein sympathischer Schnitt.

Zwei Tage später folge ich mit Sergio, Carmen und Celio in Arrecife dem größten Karnevalsumzug der Insel, an dem diesmal alle Karnevalswagen, Gesangs-, Tanz- und Trommelgruppen teilnehmen. Von den Besuchern sind hauptsächlich die Kinder verkleidet; Celio als sein geliebter Spiderman mit wattierten Kunstmuskeln, die ihn wie eine Miniaturausgabe von Arnold Schwarzenegger aussehen lassen. Dass viele Erwachsene in Normalkleidung erscheinen, liegt vielleicht daran, dass jedes selbst gebastelte Kostüm im Vergleich zu den ausladenden Designerkreationen der Karnevalsgruppen nur mickrig wirken könnte.

Je später der Abend, desto mehr wechselt das Publikum von Familien zum jüngeren Partyvolk; die Musik von Samba-Rhythmen zu Techno, was ich für keinen besonders gelungenen Musikwechsel halte. Naira, Enric und noch einige andere aus der Famara-Clique kommen dazu. Viele der Neuankömmlinge sind verkleidet, häufig mit gruppeneinheitlichem Kostüm. Naira zieht mir eine knallrote Strubbelperücke auf und verpasst mir eine rote Kugelnase. Sie kennen Pumuckl natürlich nicht, aber genau so sehen wir aus und haben damit noch bei Weitem nicht das unansehnlichste Kostüm. Wir hätten ja auch, wie die Jungs neben uns, als Streichhölzer gehen können. Was das alles mit dem Thema Olympische Spiele zu tun haben soll, ist mir unklar, aber offensichtlich stört sich niemand daran. Auffällig viele Männer tragen selbstbewusst Frauenkleider. Sogar Spätpubertierende, von denen man vermuten könnte, dass sie nicht über das dafür nötige Selbstbewusstsein verfügen.

Am frühen Morgen verabschiede ich mich mit dem Argument, dass ich morgen dringend ein Projekt fertigstellen muss. Enric lacht: „Ihr Deutschen seid lustig, ihr schaut auf die Uhr, um zu sehen, ob ihr noch Hunger habt oder schon müde seid.“ Ich fühle mich ein wenig ertappt.

„Man hat euch eine Art schlechtes Gewissen eingepflanzt, das anspringt, wenn ihr zu spät zu Abend esst oder meint, eine Party verlassen zu müssen, lange bevor ihr Stimmungshöhepunkt erreicht ist, um ins Bett zu kommen, weil ihr am nächsten Tag arbeiten müsst."

Ich habe keine Lust auf eine Diskussion, sonst wäre ich an diesem Punkt eingestiegen. Trotzdem fährt er fort: „Das würden wir Spanier nie tun. Das Leben ist viel zu kurz."

Ich erinnere mich an ein Plakat in einem „Centre de Salud" auf Mallorca, das die gesundheitlichen Vorteile vom sehr frühen Abendessen bewarb: Nach Möglichkeit solle man vor 22 Uhr essen. Ein ähnliches Plakat in Deutschland hätte wohl 19 Uhr oder gar 18 Uhr vorgeschlagen.

„Zieh was Schwarzes an. Was zum Trauern", instruiert mich Naira zwei Tage später.

„Jetzt plötzlich kein Kostüm mehr? Und worum sollte ich trauern wollen?"

„Na, um die Sardine", antwortet sie und verwirrt mich damit vollends. „Sie wird begraben, genauer gesagt: verbrannt."

„Warum?"

„Weil es Spaß macht!"

Das reicht mir nicht, und deshalb befrage ich dazu noch einmal Mr. Google. Aber auch der ist sich nicht ganz sicher, warum man in Spanien und einigen lateinamerikanischen Ländern am Aschermittwoch Sardinenfiguren verbrennt. Eine Theorie lautet, dass ursprünglich ein Stückchen Schweinefleisch begraben wurde, um symbolisch die Fastenzeit einzuleiten. Dieses wurde in einigen Gegenden „cerdina" genannt. Irgendwann wurde nach dem Prinzip „Stille Post" daraus „sardina", und dann verbrannte man eben die. Immerhin bin ich jetzt so schlau, dass es sich um eine Figur aus Pappmaché und keinen echten Fisch handelt.

Eine Männergruppe im schwarz-weiß gestreiften Gefängnisoutfit schiebt die riesige Sardinenfigur mit Baseballcap auf ihrem schuppigen Kopf im Leichenwagen vom Rathaus bis zu ihrer Begräbnisstätte, dem Playa del Reducto. Naira versucht, ein paar Tränen zu vergießen; als es ihr schließlich gelingt, liegt das eher an ihrem Lachkrampf. Davon – und von den überwiegend dunkel gekleideten Menschen – abgesehen, ist der Umzug den anderen der letzten Tage ähnlich.

Am Strand angekommen, wird die Sardine schließlich von der Feuerwehr angezündet und von einer Gruppe Polizisten bewacht, damit ihr niemand zu nahe kommt. Das Feuer strahlt angenehm heiß bis zu uns und wird kurz darauf von einem pompösen Feuerwerk begleitet. Staunend und sprachlos stehen wir am Strand, jeder Feuerwerkskörper spiegelt sich im Meer.

„Ach, schade, schon vorbei, die schöne Zeit", seufzt Naira, als das Feuerwerk beendet ist und die letzten Reste der Sardine nur noch mit kleiner Flamme lodern.

„Im nächsten Jahr wieder!", tröstet Enric.

Ob ich dann noch hier sein werde?

Teneriffa. Drei Mal in diesem Monat hat Ben einen Flug nach Teneriffa Süd, bei dem er schon morgens ankommt und erst am nächsten Tag weiterfliegt. Ich nutze die Gelegenheiten und fliege jedes Mal mit Binter ebenfalls dorthin. Wir treffen uns am Flughafen und fahren mit dem Crewbus weiter ins Hotel in Costa Adeje.

Teneriffa hat viele Gesichter. Wann immer ich ein neues entdecke, kann ich kaum glauben, dass ich noch auf derselben Insel bin. Bisher hatte ich den wüstenartigen Süden ausgespart und war nur einige Male kurz hier, um die Fähre nach La Gomera oder ein Boot zur Walbeobachtung zu nehmen. Nie hatte ich danach das Bedürfnis, die Gegend zu erkunden. Das holen wir jetzt gemeinsam nach. Der Kontrast zu allem, was ich bisher von Teneriffa kenne, erschreckt mich: Die gesamte Küste bei Los Christianos und Playa de las Américas ist mit Hotelklötzen zubetoniert. Mehr als 300 Bars und Restaurants soll es hier geben. Einheimische verirren sich nur hierher, wenn sie in dieser Touristenwelt arbeiten müssen. Alles scheint künstlich: Die hellen Sandstände sind angelegt, kaum ein Ort hat einen natürlich gewachsenen Kern. Es gibt genau die Shops und Souvenirläden, die es an jedem Touri-Badeort gibt: Läden mit bunten Handtüchern, Taucherbrillen, Luftmatratzen, I-love-Teneriffa-Taschen und -T-Shirts, kleinen Delfinfiguren. Das Übliche.

Wenn er denn will, kann jeder Urlauber in genau der Welt bleiben, die er aus seiner Heimat gewohnt ist. Lediglich Sonne, Strand und die Souvenirläden werden ergänzt. Der Engländer kann nach seinem Full English Breakfast die „Daily Mail" lesend am Strand verbrennen, mittags Fish and Chips essen und die Nacht bei Karaoke im Pub ausklingen lassen. Kein einziges Guinness wird er dabei je auf Spanisch bestellen müssen. Direkt daneben brutzelt der Deutsche im Sand, der seinen Tag mit einem Käse-und-Wurst-Frühstück beginnt, zu Mittag seine Currywurst futtert und dann die „BILD" oder „Gala" für den Nachmittag am Pool kauft. Auch er wird dafür keine andere Sprache als – in diesem Fall – Deutsch brauchen, und selbst wenn er vorbildlich versucht, seine Pommes auf Spanisch zu bestellen, kommt allzu häufig die obligatorische Frage „Ketchup oder Mayo?" zurück.

Vieles hier erinnert mich an den Süden Gran Canarias. Überhaupt haben die beiden Inseln einige Gemeinsamkeiten: Touristen werden überwiegend in den trockeneren, sonnenreichen Süden ausgelagert, dafür ist das bergige Hinterland in weiten Teilen ursprünglich und erfreulich unberührt geblieben. Es gibt Steilküsten und einen grünen Norden; bunte Städte wie Santa Cruz und Las Palmas mit einer ausgeprägten Kunst- und Musikszene. Beide Inseln sind vielfältig in ihrer gigantischen Bandbreite zwischen atemberaubend schön und schockierend hässlich.

Insgesamt überwiegt auf Teneriffa aber eindeutig das Schöne: der höchste Berg Spaniens, der oft schneebedeckt ist, während am Meer reger Badebetrieb herrscht, die karge bizarre Landschaft rundherum. Nadelwälder, der immergrüne, nebelige Lorbeerwald im Anaga-Gebirge. Schroffe Felsklippen und Steilküsten am Teno-Massiv. Hübsche Orte mit Altstädten im Kolonialstil wie La Laguna und Orotava.

Als Ben nach unserem zweiten Teneriffa-Süd-Kurzurlaub abreist, treffe ich mich am Flughafen Teneriffa Nord mit Sergio, Carmen und Celio, um ihnen für ein paar Tage die Insel zu zeigen. Wir wohnen wieder in Puerto de la Cruz.

Fernando kann es kaum glauben, als ich morgens plötzlich wieder mit Kaffee und Croissants vor ihm stehe. Als wäre ich nie weg gewesen, erzähle ich ihm von schwierigen Kunden am Vortag, die sich Ewigkeiten nicht für eine Tour entscheiden konnten. Er lacht: „Ach, Lisa, wär das schön, wenn du noch hier wärst."

Ich zeige ihnen, was mir am besten auf der Insel gefallen hat: die Masca-Schlucht, den Nationalpark um den Teide, die Städtchen La Orotava, La Laguna und Garachico.

Einen Nachmittag verbringen wir an der Playa de las Teresitas, dem Hausstrand der sieben Kilometer entfernten Hauptstadt Santa Cruz. Es ist auffallend leer; der Anzahl der Parkplätze nach zu urteilen, scheint das nicht immer der Fall zu sein. Salsa-Musik dringt aus der Strandbar.

In den Siebzigerjahren wurden 270 000 Tonnen Sand aus der Sahara hierher verschifft, um den ursprünglich schwarzen Strand in einen goldenen zu verwandeln. Hunderte von Palmen wurden in den Sand gepflanzt: kleine dicke und die großen schlanken Kokospalmen, gleichmäßig über den 1500 Meter langen Strand verteilt. Damit der hübsche helle Sand auch bleibt, musste zusätzlich ein tausend Meter langer Wellenbrecher ins Meer gesetzt werden, der den flach abfallenden Strand nun auch vor Strömung und Wellen schützt. Doch das seichte, ruhige Gewässer mögen nicht nur wir sehr gern, sondern auch Engelhaie. Das hatte ich zumindest vor einigen Tagen in dem Bericht eines Meeresbiologen gelesen. Engelhaie halten sich zwar meist in tieferen Gewässern auf, doch um ihre Jungen zu gebären, bevorzugen die Weibchen seichtes, wärmeres Gewässer, in dem die Jungen ihre ersten Lebenswochen behütet aufwachsen können. Weil sie friedliebend sind, beißen sie nur, wenn man auf sie tritt. Das allerdings kann passieren, weil ihre flachen, rochenartigen Körper im Sand nur schwer zu erkennen sind.

Der Meeresbiologe freut sich so sehr darüber, dass die vom Aussterben bedrohte Art sich hier vermehrt, dass er vorschlägt, Infotafeln aufzustellen, damit sich die Strandbesucher mit ihm freuen können. Vielleicht ist ihm nicht bewusst, dass viele Badegäste lieber keine mit Sand getarnten Haie im flachen Wasser liegen haben.

Aus Neugier frage ich den Rettungsschwimmer nach den Tieren. „Ja, die gibt es hier. Sie werden aber nicht groß, deutlich unter zwei Meter. Sie greifen nie an; verteidigen sich höchstens, wenn man auf sie tritt, aber selbst ihr Biss ist nicht schlimm. Wir desinfizieren die Wunden, das reicht. Das kommt ein paar Mal im Monat vor.“

Jetzt bin ich neugierig, mit Taucherbrille und Schnorchel gehe ich auf die Suche. Zwischen den Badenden sehe ich Schwärme von Doraden; am Wellenbrecher eine bunte Vielfalt kleiner Fische und viele Seeigel – aber einen Hai, der wie ein Rochen aussieht, finde ich nirgends.

Später lese ich im „Kanaren Express“, dem deutschsprachigen Nachrichten- und Informationsportal der Kanaren, einen Artikel mit dem Titel „Was tun gegen Haie an der Küste?“. Rund 55 Haiarten soll es in kanarischen Gewässern geben; die statistische Gefahr aber, von einem ernsthaft verletzt zu werden, veranschaulicht der Autor mit dem erfrischend komischen Vergleich, dass allein in New York „jährlich zehn Mal mehr Menschen von Menschen gebissen werden als weltweit von Haien“. Auch die Gefahr, bei Schweine-Angriffen zu sterben oder von Kokosnüssen erschlagen zu werden, sei deutlich höher. Vielleicht hätten sie am Playa de las Teresitas dann keine Kokospalmen pflanzen sollen, denke ich.

Lanzarote. Innerhalb von wenigen Tagen habe ich mich mit meinem Nachbarn Matt angefreundet. Ich mag seinen trockenen Humor und seine Herzlichkeit, vor allem, wenn seine Kumpels nicht dabei sind. Heute Abend wollen wir zusammen kochen und gehen dazu vorher in Tinajo einkaufen. Famara hat zwar auch zwei kleine Supermärkte und einen Minimarkt, aber der in Tinajo hat ein größeres Angebot und ist günstiger. Außer uns sehen wir im gesamten Supermarkt fast nur Paare beim großen Wochenendeinkauf, viele mit klarer Arbeitsteilung: Die Frau liest die Einkaufsliste vor, der Mann rennt und sucht. „Was sollen wir denn heute Abend kochen, Liebling, und am Sonntag, wenn die Kinder kommen?“, witzelt Matt.

Auf dem Rückweg halten wir in La Santa, spazieren ein Stückchen an der schwarzen Küste entlang und setzen uns auf das dunkle Lavagestein, um die Surfer zu beobachten. Die größten Wellen der Insel findet man hier, die Profi-Surfer folglich ebenfalls.

„Du, Matt, was haltet ihr Geologen von der La Palma-Tsunami-Theorie? Also, ich meine, was genau soll denn mit La Palma passieren?"

„Bricht ab. Wenn du das meinst."

„Ja. Bald?"

„Geologisch betrachtet vielleicht, nach unseren Maßstäben könnte es noch lange dauern, Jahrtausende. Oder auch nicht; wenn ich das vorhersagen könnte, müsste ich nicht kellnern."

„Wie viel von La Palma bricht denn ab?"

„Ein Fünftel etwa."

Matt ist genervt, solche laienhaften Fragen mag er nicht, aber mich interessiert vor allem das Warum, also hake ich nach. Und erfahre, dass bei einer Eruption 1949 ein etwa drei Kilometer langer Riss in der Gebirgsflanke entstand und die Westhälfte der Vulkankette Cumbre Vieja einige Meter abrutschte.

„Es gibt die Theorie, dass dieser Teil bei einer erneuten Eruption abgesprengt werden könnte, da sich in einigen Schichten Wasser befindet, das sich durch aufsteigendes Magma explosionsartig ausdehnen könnte", erklärt er.

„Matt, ich habe im Timanfaya-Nationalpark gesehen, was mit Wasser passiert, wenn man es in ein Rohr im Boden gießt und es sich schlagartig erhitzt. So in etwa?"

„Ungefähr, aber stell dir vor, was es erst tut, wenn es keinen Platz zum Ausdehnen hat."

Ich erinnere mich an die schwarzen Lavafelder im Süden von La Palma und an den Playa Nueva.

„Und die Cumbre Vieja ist aktiv", ergänzt er, als hätte er meine Gedanken gelesen.

„Würden wir das hier überleben?“, frage ich nach einer Weile. Wir starren auf die jetzt schon meterhohen Wellen vor uns.

„Du bist lustig.“ Ich werte das als Nein.

„Wie schnell wäre der Mega-Tsunami hier?“

Matt dreht sich um. „Zum Auto schaffst du's nicht mehr.“

„Wie hoch wär die Welle dann?“

„Hier? Laut Berechnungen bis zu hundert Meter. Die westlichen Kanaren trifft es noch härter.“

Wir schweigen, dafür reicht meine Vorstellungskraft nicht aus.

„Spätestens wenn du siehst, dass das Wasser sich hier zurückzieht, kannst du damit rechnen, dass der Tsunami gleich da ist. Wär dann aber auch zu spät. Falls du's vorher wüsstest: schnell ins Landesinnere und möglichst weit hoch.“

„Und wann wär das Teil in Amerika?“

„Acht Stunden später etwa und deutlich kleiner. Vielleicht dreißig Meter. Reicht aber immer noch.“ Wir schweigen wieder. „Sehr wahrscheinlich stirbst du aber vorher ...“, er legt eine seiner beliebten Kunstpausen ein, „... an Altersschwäche.“

Schon zweimal vorher war ich mit Ben im letzten Monat für eine Nacht im Hotel Volcan in Playa Blanca, und jedes Mal konnte ich kaum glauben, wie luxuriös seine Firma ihre Angestellten unterbringt.

Der Eingang zur Lobby ist ein exakter Nachbau einer Kirche in Teguise. Die Lobby selbst hat von außen betrachtet die Form eines Vulkans und ist innen tropisch bepflanzt mit künstlichem Bach und rankenden Grünpflanzen. Die Anlage besteht aus vielen Gebäuden in der typischen Architektur der Insel und ist um mehrere Poollandschaften herum angelegt wie ein Dorf, mit grünen Plätzen und Innenhöfen. Erstaunlich viele junge Paare und Familien gibt es hier.

Dass Bens Flugplan ihn im Moment oft nach Lanzarote oder auf eine der Nachbarinseln führt, ist reines Glück. Ab dem nächsten Monat sieht es anders aus: Dann beginnt der Sommerflugplan, und jeder Flug auf die Kanaren geht ohne Übernachtungs-Stopp sofort wieder zurück. Immerhin hat er im April und im Mai jeweils eine Woche Urlaub, die wir gemeinsam verbringen wollen.

Wie auch die letzten Male rennen wir zum Frühstück, als noch fast alle anderen schlafen. Eigentlich haben wir keine Zeit dafür, aber es ist zu lecker, um es uns entgehen zu lassen. Ich wünschte, noch länger bleiben zu können. Länger hier und vor allem länger mit ihm. Wenn wir uns sehen, ist alles rosarot, doch immer endet es damit, dass wir früh wieder zum Flughafen hetzen.

„Was hältst du davon, wenn wir meinen Urlaub im nächsten Monat hier verbringen?", schlägt er vor, und ich stimme begeistert zu. Offensichtlich hatte er ähnliche Gedanken wie ich. Beim Auschecken wollen wir ein Zimmer dafür reservieren.

„Tut uns leid, alles belegt", sagt die freundliche Rezeptionistin.

„Kann man denn da gar nichts machen?"

„Na ja", sie druckst herum, „also, ich hätte schon noch etwas, das ich Ihnen anbieten könnte. Etwas Spezielleres." Sie senkt ihre Stimme und beugt sich zu uns vor, als wolle sie etwas sagen, das allein für unsere Ohren bestimmt ist: „In unserem Club ist noch etwas frei."

Keine Ahnung, warum sie das so verschwörerisch und leise sagt, wir stimmen aber sofort zu. Der Gedanke, eine gesamte Woche im Volcan oder diesem Club Volcan sein zu dürfen, begeistert uns.

Als sie noch einmal nachfragt, ob wir uns wirklich sicher sind, dass wir auch im Club Volcan wohnen wollen, werde ich langsam stutzig. Vor allem, als sie – noch leiser – ergänzt: „Das ist ein separat abgetrennter Bereich mit eigenem Eingang, ganz privat. Nur für Erwachsene." Das „adults only" erwähnt sie gleich ein paar Mal.

Jetzt erinnere ich mich auch an das Plakat, das ich gestern Abend im Lift gesehen habe. Es zeigt ein glücklich lachendes junges Paar eng umschlungen im Whirlpool. Darunter der Text: „Adults only! Fragen Sie uns nach unserem Club Volcan!" Etwas von balinesischen Betten stand da auch noch.

Kaum aus der „Kirche" getreten, fängt Ben an zu lachen: „Denkst du, was ich denke?"

„Ja."

„Ich bin gespannt."

In diesem Moment erinnere ich mich an eine Reportage, die ich vor Jahren einmal mit halbem Auge nachts im Fernsehen eines Pubs gesehen habe. Kurz gesagt: Es ging um ein Swinger-Hotel auf Lanzarote. Zu sehen waren lauter beleibte Nackte mittleren Alters, die in diversen Pools und Außenbetten Cocktails schlürften. Was sie sonst taten, wenn die Reporterkameras aus waren, kommentierte das Betreiber-Pärchen mit „Alles kann, nichts muss!" und einem verschmitzten Lächeln.

Mein Wohnzimmer scheint beliebig erweiterbar zu sein. Die ersten drei Wochen war es noch durch die Wohnzimmerwände begrenzt. Als der ungewöhnlich lang anhaltende Regen endlich aufhörte, verdoppelte es sich schlagartig: Seitdem esse ich am Tisch auf meiner Terrasse und halte die gelegentliche Siesta auf meinem gemauerten Außenbett. Den alten, inneren Wohnzimmerteil nutze ich nur noch selten.

Ich gehe häufiger zum Aufwärmen von drinnen nach draußen als andersherum. Auch hier gibt es keine Heizung, aber die Anzahl der Tage, an denen ich mir eine gewünscht hätte, ist deutlich geringer als an anderen Orten ohne Heizung, an denen ich bisher gelebt habe.

Für stärkeren Wind aus der typischen Nord-Ost-Richtung habe ich meinen Ausweichplatz in der Hafenmole gefunden, auf deren Rückseite Bänke in die schwarze Mauer integriert sind. Während die anderen in Windjacken über die Promenade spazieren, sonne ich mich im Bikini auf meiner aufgeheizten Bank.

Mittlerweile aber hat sich mein Wohnraum noch einmal um ein Vielfaches erweitert und umfasst jetzt den großen Platz vor unserem Haus. Mein Kaffee kommt nicht mehr aus meiner Küche, sondern dem Café im Club Social gegenüber.

Ich sitze mit Carmen auf einer dicken, weißen Mauer zwischen der glatten Fläche für Skateboarder und der runden, sandgefüllten Arena, die zum Ausüben des kanarischen Ringkampfes Lucha Canaria gebaut wurde, hier aber häufiger als riesiger Sandkasten genutzt wird. Ich löffele die dickflüssige Schicht gesüßter Kondensmilch aus meinem „Cortado leche leche". Die Strahlen der Sonne wärmen schon kräftig, aber die Luft ist für kanarische Verhältnisse noch kühl. Zu hören ist nur das Lachen der Kinder, Vogelgezwitscher und das regelmäßige Klacken, wenn Skateboards über die obere Kante der Halfpipe rollen. Dort zeigt ein Lehrer einem offensichtlich verliebten Anfängerpärchen seine Tricks. Auch Sergio übt mit Celio skaten. Mit Ausnahme von Carmen und mir bewegen sich überhaupt alle permanent auf Skateboards durch den Ort. Andere Kinder spielen auf dem Spielplatz friedlich miteinander. Ihre Eltern sitzen plaudernd daneben oder skaten selbst. Heiler könnte eine heile Welt kaum sein.

April

Ich gestehe: So genau hatte ich noch nie hingeschaut. Ich nehme ein Häufchen Sand und betrachte ihn einmal ganz genau. Er ist nicht einfach nur gelblich, wie ich bisher angenommen habe, sondern bunt. Allein auf meiner Handfläche finde ich sieben blaue, drei grüne und viele noch winzigere, pinkfarbene bis rötliche Teilchen. Und das sind nur die, die groß genug sind, um sie noch mit bloßem Auge zu erkennen. Die winzigen Kügelchen bestehen nicht etwa aus besonders farbenprächtigen Muscheln, sondern aus Plastik. Genau genommen besteht der gesamte Strand zu erschreckend großen Anteilen aus Kunststoff. Ich wiederhole es an anderen Stellen, aber das Ergebnis bleibt ähnlich: Mal finde ich mehr gelbe, mal mehr rote Kügelchen in meiner Hand, aber immer finde ich welche.

Darauf aufmerksam gemacht hat mich ein vielleicht Achtjähriger, der mit viel zu großen Latexhandschuhen und Müllsack um mich herumschlich, während ich mich am Strand hinter einer windschützenden Düne sonnte. Ich habe ihn und seine Mutter eine Weile beobachtet und ihm gesagt, wie toll ich es finde, was er tut. Seine Antwort: „Ich nicht, aber ich werde dafür bezahlt."

Das klang für seine engagierte Mutter nicht nach der optimalen Antwort, und so ergänzte sie, dass zuvor ein älterer Herr – der mit dem Bücken Probleme hat und sich deshalb nicht aktiv selbst beteiligen konnte – ihrem Sohn pro gefülltem Müllsack zehn Euro versprach. Isabel erklärte mir auch, wo ich Müllsäcke und Handschuhe finde und dass sich jeden ersten Samstag im Monat Freiwillige am Rettungsschwimmer-Stand am Strand von Famara zu der gemeinschaftlichen Putzaktion treffen. Ich bin dabei!

Nach wenigen Stunden hat der Junge dreißig Euro verdient, obwohl neben ihm noch bestimmt zwanzig andere sammeln, und auch ich habe einige Müllsäcke gefüllt. Mich schockiert vor allem, dass der von uns zusammengetragene Müllberg allein aus den größeren Teilen wie PET-Flaschen, Plastiktüten oder Resten von Fischernetzen besteht, die große Masse aber längst in Stückchen mit einer Größe von wenigen Zentimetern oder Millimetern zerteilt ist, die wir unmöglich alle einsammeln können. Auch können sie gar nicht alle von Besuchern dieses Strandes stammen, sondern müssen nach einem langen Zerteilungsprozess wieder hier angespült worden sein.

Den Nachmittag verbringe ich mit Recherche. Ich lese von gigantischen Müllstrudeln in allen Weltmeeren, wie dem „Great Pacific Garbage Patch" mit einem Ausmaß von Zentraleuropa. Davon, dass es mindestens fünf dieser Müllteppiche geben soll, die in den Meeresströmungen zirkulieren. Das deutsche Umweltbundesamt vermutet bis zu 150 Millionen Tonnen Abfälle in den Meeren, sechzig Prozent davon aus Plastik, der Großteil nicht an der Oberfläche, sondern unter Wasser und auf Grund. Tendenz steigend, laut dem United Nations Environment Programm um mehr als sechs Millionen Tonnen Plastikmüll jährlich. Nur etwa ein Fünftel davon soll von Schiffsabfällen stammen, der Rest vom Land ins Meer gespült, geweht oder geschüttet worden sein.

Ich sehe Fotos von aufgeschnittenen Seevögel-Kadavern mit prall gefüllten Mägen – voller Plastik. So fanden Wissenschaftler in 93 Prozent der untersuchten Eissturmvögel Kunststoffteile im Magen. Sie sind Hochseevögel, und ihre Nahrung stammt aus dem Meer. Andere Fotos zeigen verendete Robben oder Delfine, die sich in alten Fischernetzen verheddert haben, und Schildkröten, die an verspeisten Plastiktüten starben, die sie für Quallen hielten.

Doch auch wenn sich die größeren Plastikteile immer weiter zersetzen, sind die entstehenden Mikropartikel nicht ungefährlicher. Plastik enthält nicht nur selbst Giftstoffe und gibt sie beim Zersetzen frei, sondern lagert auch weitere Umweltgifte auf seiner Oberfläche an.

Fische, Muscheln und andere Meerestiere fressen die winzigen Partikel versehentlich statt Plankton. Sechsmal mehr Plastik als Plankton soll es in einigen Gebieten bereits geben. Doch auch im Plankton selbst reichern sich kleinste Kunststoffpartikel an. Fast unnötig zu erwähnen, dass sie über die Nahrungskette schließlich auch auf unseren Tellern und, weit bedenklicher, in unseren Körpern landen.

Lösungsansätze umfassen zum Beispiel Überlegungen, die Müllteppiche abzufischen und den Verbrauch von Plastik im Alltag einzuschränken. Aber auch: Kunststoffe durch biologisch abbaubare Alternativen zu ersetzen, zum Beispiel auf der Basis von Stärke und Zellulose.

Nico versperrt mit zwei riesigen Gleitschirm-Rucksäcken die Tür zur Ankunftshalle, und sofort habe ich ein schlechtes Gewissen, dass er mir meine Flugausrüstung auch noch mitbringen musste. Es ist schön, ihn wiederzusehen und endlich wieder ein paar Tage mit einem vertrauten Menschen zu verbringen, den ich schon länger kenne. Nico ist sanftmütig und voller Wärme. Ich kenne kaum einen anderen Menschen, der so freimütig gibt wie er.

Meine Vorstellung von der Woche war ein entspanntes Wiederanfreunden mit meinem Gleitschirm, ein wenig Groundhandling am Strand, ein paar gemütliche Flüge in ruhiger Abendluft. Kein Höhen-, Strecken- oder Stundenrekord wird von meinem Ego verlangt. Allein Freude ist mein Ziel. Nicos Plan dagegen war eine Vollzeit-Flugwoche mit ambitionierten fliegerischen Zielen. Dazu hatte er uns einen lokalen Guide engagiert, der nun jeden Morgen zu unangenehm früher Stunde auf uns wartet und für meine eher gemütliche Herangehensweise kaum Verständnis aufbringen kann.

Nico hatte uns als zwei Piloten mit B-Schein angekündigt und unser Guide daraus geschlussfolgert, dass wir Profipiloten wären, die lediglich eine Unterweisung in den Besonderheiten der Insel benötigten. Ich glaube, er war enttäuscht, dass er mit mir eher einen Wiedereinsteiger vorgesetzt bekam, der monatelang nicht geflogen ist.

Wir beginnen im Norden der Insel an einem Strand in der Nähe von Orzola mit Groundhandling-Übungen, um erst einmal am Boden wieder ein Gefühl für den Schirm und den recht starken Wind hier zu bekommen. Nach einer Weile beschließt unser Guide, dass jetzt ein guter Zeitpunkt sei, um auf den Berg zu fahren. Der Wind sei heute nicht ganz so stark wie sonst, und wir könnten probieren, von oben zu starten.

Als wir am Startplatz ankommen, bin ich froh über unseren Guide. Diesen und viele weitere Startplätze im Laufe der Woche hätten wir kaum ohne ihn finden können, da wir sie über Straßen erreichen, die ich nicht als solche gewertet hätte.

Doch als wir aus dem Auto aussteigen, weiß ich es sofort: Hier werde ich heute nicht fliegen. Der Wind ist mir zu stark, das Gelände zu unübersichtlich, der Landeplatz zu klein. Kurz: Meine fliegerischen Fähigkeiten und die Gegebenheiten lassen sich nicht miteinander vereinbaren. Damit bin ich zwar schon am ersten Tag endgültig untendurch bei unserem Guide, aber das ist mir egal. Spätestens als wenige Minuten darauf ein anderer Pilot nach einem missglückten Start von seinem Schirm über den Schotter geschleift wird, weiß ich, dass meine Entscheidung richtig war.

Ich fahre zurück zum Strand und übe dort weiter am Boden meine Schirmbeherrschung bei stärkerem Wind. Dabei sehe ich die anderen hoch über dem Hang und weit über dem Meer fliegen, aber selbst von hier aus kann ich erkennen, dass sie das nicht ohne Turbulenzen tun, und bin zufrieden mit meiner Entscheidung.

Als ich mich am dritten Tag immer noch nicht traue zu fliegen, werde ich langsam ungeduldig mit mir. Ich sitze in Mala mit einer Gruppe anderer Piloten am Startplatz, und die Stimmung ist fliegertypisch hervorragend. Auch die Bedingungen sind immerhin gut genug, dass ich einen Flug ernsthaft in Betracht ziehe. Aber ich bin viele Monate nicht geflogen und auch sonst eher schwächeren Wind auf der Wasserkuppe gewohnt oder weitläufige sanfte Wiesen als Startplatz in den Alpen. Starkwind und Geröllhalden als Startplatz sind neu für mich und flößen mir entsprechenden Respekt ein.

„Warum fliegst du nicht?", fragt mich ein Pilot, der ebenfalls unschlüssig am Startplatz sitzt. „Die Bedingungen sind doch gut für Lanzarote."

„Ja, für Lanzarote vielleicht, aber nicht für mich. Zumindest bin ich mir da nicht ganz sicher."

Wir sitzen eine Weile zusammen und schauen den anderen zu. Dabei ärgere ich mich über mich selbst; nicht darüber, dass ich mich nicht traue zu fliegen – nein, darüber, dass ich nicht gut genug fliegen kann, um hier sicher zu starten. Dass es möglich ist, beweisen die anderen, die ihre Schirme halb zusammengerafft aufziehen und dabei jeder noch so starken Böe spielend trotzen, sich lässig ausdrehen und mit einem Hüpfer in den Himmel verschwinden.

„Komm, dann üben wir ein bisschen Groundhandling", schlägt er vor, und ich stimme zu.

Ich war von Anfang an ein Schisser beim Gleitschirmfliegen. Den Elementen derart unmittelbar ausgeliefert zu sein flößte mir schon immer Respekt ein. Subjektiv fühle ich mich in einem Segel- oder Motorflugzeug sicherer, aber andererseits ist das Unmittelbare auch genau das Faszinierende am Gleitschirmfliegen: Ich spüre den Wind im Gesicht, meine Füße baumeln über Bergen, Tälern und dem Meer, die freie Sicht nach unten, getragen nur von den Kräften der Natur. Die Stille, kein Motorengeräusch, kein Benzingeruch. So nah am uralten Menschheitstraum vom Fliegen wie mit keinem anderen Fluggerät sonst. Keine Vereinsmeierei, einfach den Schirm nehmen, an den Hang gehen und starten, keine Wochenenden mit Schrauben, Lackieren und Flugzeugerückholen im Segelflugverein. Frei. Fast wie ein Vogel. Natürlich habe ich diesen Sport gewählt.

Am vierten Tag ist es endlich so weit, noch dazu steht der Wind genau passend für meinen mit Abstand liebsten Ort der Insel: Famara. Endlich stehe ich mit meinem Schirm an der Bergkette, die ich schon monatelang täglich von meinem Balkon aus nach Gleitschirm- und Drachenfliegern abgesucht hatte. Wie an all den anderen Startplätzen der letzten Tage bei Orzola, Mala, Macher und Tenesar treffen wir dieselben Piloten und Gruppen wieder. Ich mag die Vorstellung, dass wir uns alle in kleineren Grüppchen irgendwo auf der Insel jeden Morgen nach Analyse des Wetters und der Windrichtung für dieselben Fluggebiete entschieden haben und nun hier wieder in einer großen Gruppe zusammenkommen.

Wir starten nicht am Hauptstartplatz hoch oben über Famara, sondern auf einem flacheren Hügel weiter unten in Richtung Teguise am Anfang der Bergkette. Wir hätten heute auch oben starten können, wie es einige andere Piloten vor uns getan haben. Aber wir arbeiten uns von unten hoch.

Alles passt, der Wind ist schwach genug zum sicheren Starten und stark genug, um oben zu bleiben. Er ist sogar laminar genug, dass ich mich dabei wohlfühle. Das viele Groundhandling der letzten Tage hat sich ausgezahlt. Ich ziehe rückwärts meinen Schirm auf, drehe mich aus in Flugrichtung, er steht sauber über mir, zwei Schritte nach vorn und ich hebe ab. Ich fliege ein paar Achten am Hang, er trägt. Das hohe Piepsen meines Variometers bestätigt, was ich auch selbst fühle: Ich steige. Und mit jedem Piepsen steigt auch mein Glücksgefühl.

Das ist es! Jetzt weiß ich es wieder; weiß, warum Fliegen glücklich macht: weil es den Kopf befreit. Kaum bin ich gestartet, ist jeder überflüssige Gedanke verflogen. Ein Shortcut ins Hier und Jetzt. Weil es etwas ist, das ich nur für mich tue; etwas, das keinen anderen Zweck erfüllt, als meine Lebensfreude zu steigern. Einen Flug lang keine Verpflichtungen, nur ich und der Wind, der Hang hinter mir, das Meer vor mir, die anderen Glücklichen um mich herum, die einmal für einen Flug lang nicht Vater oder Mutter, Chef oder Angestellter sind, sondern einfach Pilot. Weil es die Perspektive verändert, einmal zurückzoomen, draufschauen auf die Welt und staunen, wie schön sie ist und wie unbedeutend auf einmal das Gewusel nur wenige hundert Meter unter mir.

Als ich hoch genug bin, fliege ich weiter in Richtung Famara. Von hier sieht die Urbanización Famara am Hang aus wie eine Schrebergarten-Siedlung, und die an Caleta de Famara angrenzende Sandwüste El Jable wirkt von oben weitläufiger, als mir bewusst war. Vereinzelte Wolkenfetzen stauen sich an der Hangkante, die Hochebene ist noch viel grüner, als ich von dem leichten Grünschimmer am Hang ahnen konnte.

Wie an einer Schnur aufgereiht, fliegen wir weiter über der Hangkante nach Norden zum Mirador del Rio. Die Steilwand unter mir, die weiß schäumende Brandung an den Klippen. Wie freundlich von der Natur, eine derart lange Bergkette als Rennstrecke für einen Geradeausspurt hierhin zu stellen, als wäre das Risco de Famara allein zu diesem Zweck hier entstanden, so perfekt ist es geformt. Jetzt glaube ich den anderen, dass man an guten Tagen von hier bis rüber nach La Graciosa gleiten kann. Hinter La Graciosa tauchen die unbewohnten Inseln Montaña Clara und Alegranza auf. Der Ausblick vom Mirador ist traumhaft schön, aber von hier oben ist er atemberaubend.

Auf dem Rückflug vom Mirador in Richtung Famara steht die Sonne schon so tief, dass sie die Steilküste in warme Töne hüllt und stellenweise golden und grün leuchten lässt. Immer noch trägt der Aufwind am Hang beruhigend zuverlässig. Landemöglichkeiten direkt unter mir wären kaum bis gar nicht vorhanden, aber genau wie alle anderen Rückkehrer fliege ich hoch genug.

Es ist einer dieser Momente, in denen ich nicht fassen kann, wie großartig das Leben ist. „Ehrfurcht" wäre das treffendste Wort für das, was ich empfinde. Ich rede mir ein, dass die Tränen in meinen Augen vom Wind kommen, aber das tun sie nicht. Ich schaue auf Famara und das Meer davor, die Wüste dahinter, und wieder begreift ein kleiner Teil von mir, dass ich dort leben darf und jederzeit, wenn es die Windrichtung erlaubt, wieder hier fliegen kann.

Mein Plan ist, direkt unterhalb des Startplatzes in der Nähe vom Auto zu landen, und er geht auf, weil die vor mir gelandeten Piloten rechtzeitig das Feld geräumt haben, bevor ich mich für diesen oder einen anderen Platz entscheiden muss. Wie in einem Vogelschwarm schwebt einer nach dem anderen ein. Wir helfen uns gegenseitig beim Zusammenpacken. Auch das Landebier wird gereicht. Kurz darauf sitzen wir wortlos am Hang und schauen auf die untergehende Sonne zwischen kleinen Vulkanhügeln in der Ferne. In den Augen der anderen sehe ich, dass sie ähnlich fühlen wie ich.

Am Ende der Woche verkündet Nico, dass er sich entschieden hat und das Angebot annehmen würde, dritter Teilhaber einer Praxis mit bisher zwei Zahnärzten auf Fuerteventura zu werden und dort hinzuziehen. Ich werte das als Zeichen, dass es ihm hier gefallen hat. Ich freue mich über seine Entscheidung, zumal die Praxis in Corralejo liegt und damit von Lanzarote aus schnell mit der Fähre zu erreichen ist.

Wir suchen nach Indizien und beginnen im Bad. Dort steht eine langstielige rote Rose, Rosenblätter sind auf sämtlichen Ablageflächen verteilt. Kerzen stehen bereit, dazu Räucherstäbchen mit Vanilleduft und Badesalz in einer Schale. Bademäntel und Pantoffeln hängen ebenfalls im Bad. Nichts unterscheidet sich aber von den anderen Zimmern des Hotels – außer, dass die Rose rot und nicht wie sonst gelb oder rosa ist und zusätzlich die Rosenblätter verteilt liegen. Das Bett ist noch höher und größer als in den anderen Zimmern. Wie sonst auch steht ein Teller mit Pralinen auf dem Tisch. Ich zünde Kerzen und Räucherstäbchen an, lasse Wasser in die Wanne laufen, kippe das Badesalz dazu und werfe eine Handvoll der Rosenblätter ins Wasser. Im Wohnzimmer wählt Ben derweil Musik aus.

Jedes Zimmer hier wäre eine perfekte Hochzeitssuite. Für einen kurzen Moment fantasiere ich, ich wäre jetzt genau zu diesem Anlass hier, und zum ersten Mal in meinem Leben empfinde ich diesen Gedanken nicht als erdrückend. Ich weiß, es wird nicht passieren – es wäre auch viel zu früh –, aber ich weiß, was meine Antwort wäre, und das macht mich glücklich.

Was soll ich sagen? Es ist ein Liebesurlaub, und den Club-Bereich unserer Hotelanlage verlassen wir hauptsächlich abends zum Essengehen oder ab und zu für einen Spaziergang zu den Papagayo-Stränden in die eine Richtung oder ins Zentrum Playa Blancas in die andere. Mein Bedürfnis nach Sightseeing ist gering, denn das kann ich jeden Tag allein oder mit Freunden haben, und auch seine Prioritäten scheinen woanders zu liegen. Den größten Teil des Tages bewegen wir uns – je nach aktuellem Kälte- und Wärmeempfinden – zwischen unserem balinesischen Außenbett und dem Whirlpool direkt daneben hin und her. Ben geht gelegentlich noch an die Poolbar, um uns mit neuen Cocktails zu versorgen. Nur die Promenade unter uns trennt uns vom Meer, das uns von drei Seiten umgibt.

Natürlich stellen wir fest, dass sich keiner der Gäste „unsittlich" verhält. Die Ergänzung „Club" steht wohl allein dafür, dass hier keine Kids ausprobieren, wie viele sonnenverbrannte Rentner sie beim Sprung in den Whirlpool gleichzeitig nassspritzen können.

Ich komme mir vor, als wäre ich aus Versehen für den Werbespot eines beliebigen Luxusartikels besetzt worden, bei dem ich nur mit buntem Cocktail und strahlendem Lächeln im Whirlpool sitzen muss. Um Bens Arm müsste sich dann natürlich eine sündhaft teure Uhr schmiegen oder die Kamera gelegentlich auf unser privates Wasserflugzeug schwenken. Das Lächeln müsste ich freilich noch üben, denn in Wirklichkeit grinse ich eher unkontrolliert und glückstrunken vor mich hin. Noch immer ein wenig ungläubig darüber, wie man ausgerechnet mich für diesen Spot besetzen konnte.

Nach ein paar Tagen habe ich Wangenmuskelkater von den Grins-Anfällen und genieße das Gefühl, nicht mehr küssen zu können, weil sich meine Lippen nicht aus der steil nach oben gezogenen Position lösen können. Allein schon der Versuch dazu lässt mich noch stärker grinsen, was der natürlichen Lippen-Kuss-Haltung eher abträglich ist. Wir sind zu genau so einem Paar geworden, das weniger gut gelaunte Menschen hochgradig nervig finden. Eines, wo sich beide ständig berühren müssen und beim Gehen kaum vorankommen, weil sie alle paar Meter stehen bleiben, um sich leidenschaftlich zu küssen und übertrieben oft versichern, wie tief und einzigartig ihre Liebe doch ist.

Für ein Abendessen fahren wir nach El Golfo, dem Ort mit der berühmten smaragdgrünen Lagune im schwarzen Strand an der schroffen Westküste. Ein anderes Mal essen wir eine hervorragende Paella im Bergdorf Femés mit Blick über das Tal bis nach Playa Blanca und auf den Sonnenuntergang über dem Meer in der Ferne. Einen Abend fahren wir nach Arrecife und essen beim Mexikaner La Lupe, weil es der Ort unseres ersten Dates war, von dem wir uns kaum noch vorstellen können, dass es erst drei Monate her ist.

Die anderen Abende bleiben wir in der Nähe des Sporthafens Marina Rubicón direkt vor unserer Hotelanlage. Das Viertel ist edel und schick und wird eindeutig von einem anderen Publikum bevölkert als das raue Famara. Die Orte könnten unterschiedlicher kaum sein, und doch mag ich sie fast gleichermaßen gern. Während im windigen Famara permanent Sand über buckelige Pisten und durch schmale Gassen fegt, liegt hier kein einziges Sandkorn auf der akkurat gepflasterten Hafenpromenade. Und auch sonst nichts, was dort nicht hingehört. Stattdessen angelegte Teiche mit kleinen Brücken darüber, Springbrunnen, Boutiquen und Kunstgalerien. Nur das Klirren und Klappern der Masten ist zu hören und die ruhige Lounge-Musik aus einer Bar mit Korbsesseln direkt am Hafenbecken.

Zwei Damen mit überproportionierten Hüten tragen ihre üppig gefüllten Einkaufstaschen aus einer der Boutiquen, vor denen ihre Männer warten und vermutlich schon darüber nachgedacht haben, eine Vermisstenanzeige aufzugeben. Oder auch nicht, falls der Verlust zu verschmerzen oder gar willkommen gewesen wäre. Letztere Vermutung hege ich nur, weil ich zufällig den Satz des einen mitgehört habe: „Ach, lass sie shoppen, dann richten sie wenigstens keinen noch größeren Schaden an!“ Der andere nickte, und keiner der beiden schien es als Scherz zu betrachten.

In keines der Restaurants hier würde ich mich in Shorts und Flipflops wagen, ein anderer Kleidungsstil würde mir in Famara dagegen überhaupt nicht einfallen. Ein wenig beunruhigt es mich, wie gut Ben in dieses Umfeld passt und wie unwohl er sich in Famara zu fühlen scheint.

Der Abschied am Flughafen ist diesmal härter denn je. Vor allem Ben wirkt so emotional, wie ich ihn nie zuvor gesehen habe. Es ist ihm peinlich, aber ich sehe sie ganz genau, die kleinen Tränen in seinen Augenwinkeln.

Nervös geht er zum Schalter der Fluggesellschaft, mit der er fliegt, kommt wieder zu mir und sagt: „Sie haben noch freie Plätze. Komm mit, jetzt sofort. Bitte, komm mit! Bitte.“

Ich fühle mich unfähig, diese Entscheidung zu treffen, denn wie er es sagt, lässt er keinen Zweifel: Er redet nicht von einer Verlängerung unseres Urlaubs bei ihm, nein, es geht um mehr. Ein großer Teil von mir schreit: „Los, flieg mit! Mach schon, alles andere ist egal!“, doch ein anderer argumentiert damit, dass ich nur die getragene Sommerkleidung dieser Woche dabeihabe und doch nicht einfach meine Wohnung stehen lassen kann und es schließlich kaum einen Unterschied machen würde, wenn ich einfach in ein paar Tagen nachkäme, nachdem ich hier alles geregelt hätte. Dieser rationale Teil von mir gewinnt: Ich kaufe kein Ticket.

„Wenn wir es jetzt nicht durchziehen, tun wir es nie!“, versucht er es ein letztes Mal.

Ich finde seine Theatralik ein wenig übertrieben. Was war verkehrt daran, noch ein paar Tage über diesen Schritt nachzudenken?

Dann war der Tag gekommen, an dem meine kleine „La Familia“ wieder aufbrach. Von Anfang an war klar, dass ich sie nicht ewig hierbehalten konnte. Irgendwann wurden den Jungs die Wellen zu klein, der Strand zu vertraut und dann – genauso plötzlich, wie sie hier aufgetaucht waren – zogen sie weiter. Erst einmal für vier Monate nach Biarritz zu den größeren Wellen. Und dann? Ach, wer weiß das schon.

„Du kennst uns doch“, war ihre Antwort. „Vielleicht schon Hawaii. Komm einfach mit.“

Manchmal ist das Gefühl sonderbar, an einem Ort zu leben, an dem ein ständiges Kommen und Gehen herrscht. Kaum einer kommt nach Famara, um für immer zu bleiben. Die meisten bleiben für die Dauer eines Surfcamps, manche als Arbeiter für eine Saison. Wieder und wieder erlebe ich Ankünfte und Abschiede, und jeder Abschied verstärkt das Gefühl, dass auch ich nicht für immer hier sein werde. Die Surfer-WG unter uns ist ein typisches Beispiel und erscheint mir wie ein repräsentativer Schnitt der Einwohnerschaft Famaras: Juan, Surflehrer vom Festland, lebt und arbeitet seit zwei Jahren hier und wird von den anderen schon als Urgestein betrachtet. Es folgt Saul, der Italiener – jung, lustig und dauerbekifft. Er lebt für ein Winterhalbjahr hier, um surfen zu lernen. Die Sommer verbringt er mit Kellnern und Doppelschichten in Italien, um seine Winter an jährlich wechselnden Orten zu finanzieren. Dann gibt es dort unten noch einen merkwürdigen Deutschen, der von Juan lernen will, wie man Surflehrer wird. Die anderen sechs Betten werden von ständig wechselnden Surfschülern aus aller Welt belegt.

Wenn man jemanden nach dem Grund fragt, an einem bestimmten und keinem anderen Ort gelandet zu sein, gibt es kaum je eine rationale Erklärung. Fast immer hat es mit Menschen zu tun, die man getroffen hat und die, bewusst oder unbewusst, einen Samen gelegt haben. So war auch diesmal der Anstoß, der meine „La Familia" zum Weiterziehen bewogen hat, dass sie beim Surfen den Inhaber eines Surfcamps in Biarritz getroffen haben. Wären sie aber gerade an diesem Tag an einem anderen Strandabschnitt gewesen, im Café oder in der Stadt, wer weiß, wohin es sie stattdessen gespült hätte.

Ich bin traurig, dass ich sie gehen lassen muss, aber viel mehr noch dankbar für die Zeit, die ich mit ihnen verbringen durfte. Sie haben mir gezeigt, dass eine Familie zu haben nicht in erster Linie Entbehrungen und Kompromisse bedeutet, sondern im Gegenteil eine Bereicherung, ein Zueinander-Gehören, als Team zu spielen, nie mehr als Einzelkämpfer. Und Spaß, zusammen lachen, albern sein. Spielen, selbst wieder Kind sein dürfen, Krebse fangen, Sandburgen bauen. Weihnachten.

Ihr Weg mag nicht für jeden praktikabel sein, aber mir reicht es zu wissen, dass es möglich ist. Sie zu kennen, ihren Alltag zu kennen, gibt mir ein Gefühl dafür, in welche Richtung ich mein Leben steuern möchte. Noch lange nicht konkret oder als Plan, aber als diffuses, unterschwelliges Gefühl, eine Art Kompass.

Schritt für Schritt wird mir meine persönliche Freiheit weniger wichtig, stattdessen steigt der Wunsch auf, zu jemandem zu gehören, geborgen und angekommen zu sein. Wahrscheinlich stimmt es, dass Reisen dann am schönsten ist, wenn man danach an einen Ort zurückkehren kann, den man als Zuhause empfindet. Das Beste aus beiden Welten.

Mai

Dass langsam Sommer wird, bemerke ich auch daran, dass das Kokosöl in meinem Küchenschrank wieder flüssig und nicht mehr fest ist. In meiner Wohnung muss es also mittlerweile wärmer als 24 Grad sein. Auch riechen die Menschen jetzt wieder nach Sonnencreme. Mein Gehirn hat die Sinneswahrnehmungen Sonnencreme-Riechen, Palmenrascheln- und Meeresrauschen-Hören eindeutig mit Urlaub verknüpft, und selbst viel Arbeit kann dieses Urlaubsgefühl nicht verdrängen. Wenn auch seltener als früher, aber ab und zu taucht zu diesem Gefühl als unterschwellige Emotion eine Art schlechtes Gewissen auf, weil ich es mir gut gehen lasse und mein Leben genieße, während andere hart kämpfen. Wenn solche Gedanken auftauchen, beseitige ich sie mit logischen Argumenten, wie dem, dass keinem einzigen Menschen auf der Welt damit geholfen wäre, wenn es mir weniger gut gehen würde, und jemand, der selbst am Boden ist, kann auch keinem anderen hochhelfen.

La Graciosa. Obwohl Pablo es mit den sandigen Pisten bestimmt aufnehmen könnte, muss ich ihn im Hafen von Orzola im Norden Lanzarotes zurücklassen. Eine Autofähre nach La Graciosa gibt es nicht. Die wäre auch unsinnig, denn richtige Straßen gibt es auch nicht. Auch die wären überflüssig. Wohin sollte man schließlich fahren? Ein paar sandige Gassen im Ort Caleta del Sebo, eine Buckelpiste zu den Stränden im Norden La Graciosas und eine weitere zur Siedlung Pedro Barba im Osten – die gibt es schon, aber auch diese Strecken sind kurz genug, um sie zu Fuß zu gehen oder mit einem der im Hafen angebotenen Leihfahrräder zu fahren. Ein paar vereinzelte Landrover ruckeln über die Insel und sammeln abends die wenigen Touristen vom Strand wieder ein, wenn sie den Rückweg nicht zu Fuß gehen wollen oder eine „Insel-Safari" – von den Veranstaltern wirklich so bezeichnet – gebucht haben. Großwild werden sie dabei eher nicht sehen – außer, sie haben einen Sonnenstich –, dafür viel Sand und eine Handvoll Vulkankegel. Wie auf einem winzigen Planeten des kleinen Prinzen, obwohl die wenigen Einwohner keine, zumindest auf den ersten Blick erkennbaren, Macken haben und vermutlich schon recht gut mit dem Herzen sehen.

Wir freuen uns auf romantisch-ruhige Urlaubstage auf einer einsamen Insel. Begrüßt werden wir allerdings von Lärm in einer Lautstärke, die beinahe die Schmerzgrenze erreicht. Er stammt offensichtlich von Arbeiten an einem Schiffsrumpf, die hinter riesigen grünen Planen stattfinden und deshalb nicht genau zu erkennen sind.

Koffer zum Rollen sind zwar praktisch, aber nur, wenn auch Straßen zum Rollen vorhanden sind. So schleppt Ben seinen Koffer durch den Sand, während ich meinen kompakten Wanderrucksack kaum bemerke – dafür mein leicht schlechtes Gewissen, weil ich vergessen hatte, ihn darauf hinzuweisen.

La Graciosa, „die Anmutige", ist wie eine Miniaturausgabe von Lanzarote: wüstenartig, mit kleinen, kubischen, weißen Häusern. Nicht einmal ein halbes Prozent der Gesamtfläche der Kanaren nimmt die Insel ein. Die knapp 700 Einwohner leben hauptsächlich vom Fischfang und Tourismus. Unsere Vermieterin erzählt uns, dass die Einwohner ihre Insel am liebsten als achte Hauptinsel der Kanaren anerkannt haben würden. Bisher wird La Graciosa von meiner Wohngemeinde Teguise verwaltet.

Morgens um acht spuckt die erste Fähre die ersten Tagestouristen aus. Abends um sechs werden die letzten wieder eingesammelt und innerhalb einer knappen halben Stunde zurück nach Orzola auf Lanzarote geschippert. Dann haben die Einheimischen und die wenigen Übernachtungsgäste die Insel wieder für sich. Das ist jedes Mal ein magischer Moment. Nur übers Wochenende bleibt die Insel erstaunlich voll.

Außer den wenigen Häusern der Einheimischen gibt es zwei kleine Supermärkte, eine Post, eine Apotheke, eine Wochenenddisco, einige Restaurants und Ferienapartments. Und den für mich schönsten Strand der Kanaren, den Playa de las Conchas.

Es wird ein herrlich fauler Urlaub, in dem die einzige Anstrengung aus dem einstündigen Spaziergang zu genau diesem Strand besteht. Der Playa de las Conchas aus weißem Pulversand liegt an der Nordwestküste der Insel, ist etwa 600 Meter lang und – wenn überhaupt – jedes Mal von sehr wenigen Menschen besiedelt. Das Wasser ist türkis wie auf der schönsten Postkarte und die gegenüberliegende, noch viel kleinere Insel Montaña Clara das optische i-Tüpfelchen. Lediglich schwimmen sollte man nicht, da die Strömungen unberechenbar stark sein sollen.

Während ich tagelang einfach nur im Sand liegen könnte und mich darüber freuen, wie unbegreiflich schön es hier ist, langweilt sich Ben schnell, und ich versuche, mich dadurch nicht aus der Ruhe bringen zu lassen. Wie ein neugieriges Kind wuselt er immer wieder los – zum Beispiel auf den hinter uns liegenden 174 Meter hohen Vulkankegel Montaña Amarilla – und berichtet mir hinterher von seinen Entdeckungen. In diesem Fall hat er eine Aussicht entdeckt, von der er so sehr schwärmt, dass ich sie mir anschließend selbst ansehen möchte.

Auch den Papagei in einem Vorgarten in Caleta del Sebo sehen wir wieder, dem Celio zuvor auf einem Tagesausflug einmal versucht hat, die Worte „¡Soy un águila!“ beizubringen. Auf dem Rückweg hatte er sich kaputtgelacht über die Vorstellung, dass der Papagei seinem Besitzer nun erklären würde, dass er in Wirklichkeit ein Adler sei. Als wir ihn jetzt wiedersehen, schweigt er. Im selben Vorgarten liegt auch ein riesiges Skelett, welches Celio zunächst für das eines Dinosauriers hielt, wir aber später mithilfe seines Tierlexikons als das Skelett eines Wals identifiziert haben.

Am Strand südlich von Caleta del Sebo darf man kostenlos zelten, sofern man sich vorher bei der Nationalparkverwaltung angemeldet hat. Sanitäranlagen sind vorhanden. Von diesem Strand aus schaut man auf Caleta de Famara, das genau gegenüberliegt. Von hier sehen die bis zu 670 Meter hohen Steilklippen des Famara-Massivs noch beeindruckender aus.

Ich genieße es, dass wir zum ersten Mal ansatzweise ein wenig Alltag zusammen erleben. Bisher haben wir uns meist in Hotels getroffen, von den wenigen kurzen Ausnahmen bei mir abgesehen. Trotzdem werde ich das Gefühl nicht los, dass ihm unser kleines Alltagsspiel – mit Einkaufen im Supermarkt, Selbstkochen und Frühstück auf „unserer“ Terrasse – weit weniger gefällt als mir. Seine Kochkünste stellen sich als nicht vorhanden heraus, und ich frage mich, wie er bis jetzt überhaupt überleben konnte, ohne zu verhungern. An manchen Tagen wirkt er bedrückt, spricht aber nicht darüber.

Die Woche auf La Graciosa hat bei uns unterschiedliche Reaktionen ausgelöst: bei mir den Wunsch, mehr Alltag mit ihm zu erleben, und bei ihm eine plötzliche Distanz, die ich mir nicht erklären kann; jedoch nur so subtil wahrnehmbar, dass ich sie mir theoretisch auch einbilden könnte.

Natürlich hatte auch ich bemerkt, dass unsere Fernbeziehung vor einem logistischen Problem stand, seit die Übernachtungs-Stopps auf den Kanaren wegfielen. Jeden Monat hoffen wir nun aufs Neue, dass er seine freien Tage wie gewünscht zusammenhängend bekommt, denn nur dann lohnt es sich für ihn, mich hier zu besuchen. Auch hat er nach den zwei Urlaubswochen in diesem und im letzten Monat nun lange Zeit keinen geplanten Urlaub mehr – was die Sache nicht einfacher macht. Trotzdem wollte er nie, dass ich ihn besuchen komme, hatte immer nur gesagt, dass ein Urlaub hier doch viel erholsamer und schöner sei, und ich gestehe, ich war nicht böse darum.

Und natürlich hatte ich mich in den letzten Wochen und Monaten oft gefragt, was ein Traumort bringt, wenn der Partner weit weg ist, und mehr als einmal den Gedanken gehegt, zu ihm zu ziehen. Doch immer war zugleich die zweite, nicht weniger brennende Frage aufgetaucht: Wie viel kann man für die Liebe aufgeben, ohne dass die Liebe darunter leidet?

Lanzarote. Irgendwann habe ich erfahren, dass Enric regelmäßig in einem Verein Lucha Canaria, den typisch kanarischen Ringkampf, trainiert. Er wollte „kanarischer" werden und nicht immer nur als der „Typ vom Festland" gelten, deshalb suchte er sich die kanarischste aller Sportarten aus. Aus demselben Grund möchte ich ihn wenigstens ein einziges Mal ausprobiert haben. Angeblich soll es über hundert solcher Vereine auf den Kanaren geben und der Ringkampf schon von den Guanchen genutzt worden sein, um Streitigkeiten über Landbesitz oder Ähnliches zu klären.

„Enric, zeigst du es mir einmal", bitte ich ihn nach unserer Yogastunde.

Wir verabreden uns am Nachmittag an dem Lucha-Canaria-„terrero" vor meinem Haus. Ich soll ein weites T-Shirt tragen und Hosen, die ich bis zu den Oberschenkeln hochkrempeln kann. Das tut man, damit der Gegner etwas zum Anfassen hat.

Später weist er mich ein: Wer zuerst mehr als einmal mit einem anderen Körperteil als den Füßen den Boden berührt, hat verloren. „Klar gibt es spezielle Techniken, aber das ist jetzt erst einmal egal. Schmeiß mich einfach irgendwie um."

Leichter gesagt als getan, denn er hat eindeutig mehr Übung im Umschmeißen und als Mann natürlich mehr Kraft als ich.

Aus meiner Sicht lässt der ästhetische Wert dieses Spiels sehr zu wünschen übrig. Das Ganze hat Ähnlichkeit mit einem Sumo-Ringkampf, obwohl es bei uns langsamer und sanfter zugeht und wir beide zusammen nicht annähernd auf das Gewicht eines einzigen Sumo-Schwergewichts kämen. Im Grunde liege ich jedes Mal binnen weniger Sekunden auf dem Boden und Enric irgendwie auf mir drauf. Ich bin nicht sicher, ob das üblich ist, aber offenbar schon, denn keiner unserer Zuschauer scheint es sonderbar zu finden.

Als Nächstes versuche ich es mit einem Trick: „Du, Enric, deine Hose ist offen."

Nach Millisekunden durchschaut er meinen perfiden Versuch – aber genau die haben gereicht, dass diesmal ich oben liege und alle klatschen. Um das zu erreichen, habe ich eins seiner Beine mit einem meiner Beine weggezogen und ihn gleichzeitig am T-Shirt gepackt und nach hinten geworfen. Wahrscheinlich hätte man an dem Punkt loslassen können, aber so weit habe ich nicht gedacht.

Als ich am frühen Nachmittag bei Naira eintreffe, ist sie noch im Schlafanzug und sieht aus wie ein Pandabär. Ihre schwarze Wimperntusche ist über ihr gesamtes Gesicht verschmiert. Enric hatte mich angerufen und um Hilfe gebeten, weil er sich nicht in der richtigen Position – genauer: dem richtigen Geschlecht – fühlte, um Naira zu trösten. Sie fällt mir um den Hals und kann vor Schluchzen kaum erzählen, was passiert ist. Aus den Bruchstücken und der vielfachen Wiederholung des Wortes „Vollidiot" reime ich mir zusammen, dass es sich beim Vollidioten um Marco, ihren Freund – oder nun Ex, das scheint noch unentschieden – handeln muss. Die Zeit, die Naira im Bad verbringt, um sich das Gesicht zu waschen, nutzt Enric dafür, mich aufzuklären: Marco hatte ein Verhältnis mit seiner Chefin, bereut es und wollte Naira nun die freudige Nachricht überbringen, dass er sich für sie entschieden hätte. Dumm nur, dass sie sich nicht über seine Entscheidung freuen konnte, da er sie zuvor nicht eingeweiht hatte, dass überhaupt eine anstand.

Ich traue mich kaum zuzugeben, warum ich wegmuss: Ben landet in einer Stunde, und ich sollte mich langsam auf den Weg zum Flughafen machen.

Drei Stunden später stehe ich wieder vor Nairas Tür, diesmal ebenfalls im Panda-Look.

„Fuck!", sagt Enric nur, als er mir die Tür öffnet, und nimmt mich in den Arm.

„Er ist verheiratet!", platze ich heraus.

Wir drei schweigen, während Enric mich die ganze Zeit im Arm hält.

Nach einer Weile sagt Naira leise: „Ich habe so etwas schon befürchtet. Du warst in all den Monaten nie bei ihm zu Hause und bist immer nur dann über Nacht mit ihm mitgeflogen, wenn eine Hotelübernachtung geplant war. Warum nie nach Frankfurt?"

Sie trifft damit den Kern der Gedanken, die mir zwar schon in den Sinn gekommen waren, aber die ich mich nie getraut hatte, zu Ende zu denken.

„Warum hätte er denn Single sein sollen?"

„Weil er es gesagt hat!"

„Das sagen sie doch immer."

Ich bin platt. Sollte es wirklich offensichtlich gewesen sein? Ich verweigere mich diesem Gedanken und gehe stattdessen noch einmal den Flug durch, auf dem wir uns kennengelernt hatten. Nein, da war kein Ring und auch kein Abdruck. Ich hatte danach geschaut, um mir genau diese Situation zu ersparen. Hatte ihn schon bei unserem ersten Spaziergang nach Frau und Kindern gefragt, als es für solch private Fragen noch zu früh war. „Nein", hatte er damals gesagt, nicht zögerlich, sondern überzeugend entschlossen.

Nichts in meinem Gedankenchaos passt mehr zusammen. Warum hatte er mich in den letzten Wochen mehrfach gefragt, ob ich zu ihm ziehen würde, wenn er doch mit einer anderen zusammenlebt? War er sich so sicher, dass ich Nein sagen würde, oder so kalt, dass er sie bei einem Ja umgehend durch mich ersetzt hätte?

Enric will genau wissen, was Ben vorhin gesagt hat, und ich wiederhole seine letzten Sätze, die sich mir ins Gehirn gebrannt haben: „Mit ihr läuft seit Jahren nichts mehr; wir leben nebeneinanderher wie Bruder und Schwester; das ist nur noch eine WG. Ich wollte es dir nicht sagen, bis es geklärt ist, weil es keine Bedeutung mehr hat. Wir waren so gut wie getrennt, als ich dich kennengelernt habe."

„Widerlich, die Klassiker!", unterbricht mich Naira und demonstriert dabei mit ihrer gespielten Würge-Geste, wie ich mich fühle.

„Was war dann sein Problem?", fragt Enric.

„Dass sie angefangen hat, um ihn zu kämpfen, nachdem er ihr von mir erzählt hatte. Seitdem hat er ein Doppelleben geführt und heult mir nun vor, wie schwer es für ihn ist, weil sie labil und auf ihn angewiesen sei, während ich unabhängig bin." Er sagte noch, dass er sich endgültig trennen wollte, als er mich im letzten Monat gebeten hat, mit zu ihm zu fliegen. Auch, dass er schon ahnte, dass ihm die Kraft dazu später fehlen würde.

„Unfair, jetzt dir die Schuld für seine Feigheit zu geben!", protestiert Naira.

Sie reiht in einer endlosen Kette alle Schimpfwörter für Männer aneinander, die sie finden kann.

„Ach was, Mädels, verallgemeinert das nicht. Das war einer, nicht alle. Ein Schuft." „Schuft" sagt Enric auf Deutsch, und ich habe keine Ahnung, warum er ausgerechnet diesen Begriff kennt, wo sein deutscher Wortschatz aus geschätzten zehn Wörtern besteht.

„Zwei!", unterbricht Naira.

„Nimm lieber mich, ich bin eh besser. Weiß doch jeder, dass Spanier besser im Bett sind als Deutsche." Naira wirft Enric einen verachtenden Blick zu für seine Taktlosigkeit.

Mir war in den letzten Wochen nicht entgangen, dass Enric Interesse an mir hat, aber dafür habe ich jetzt wirklich keinen Nerv. „Woher sollte denn jeder über ausreichend Erfahrung verfügen, dass er das genau wissen kann?", wende ich eher genervt ein.

„Ach, man weiß doch auch, dass die Freiheitsstatue in New York steht, auch wenn man noch nicht dort war. So was spricht sich rum."

„Außerdem bist du auch ein Schuft!", wirft Naira ein.

„Nein, das stimmt nicht, ich bin ehrlich. Wenn ich nichts Festes will, sage ich es. Kommt nicht immer gut an, aber ich würde nie einer Frau vorspielen, dass ich eine feste Beziehung will, wenn das nicht die Wahrheit ist."

Wir schweigen. Genau das war der Punkt: Hätte ich von Anfang an die Wahrheit gewusst, würde ich mich jetzt nicht so beschissen fühlen.

Als ich nach unten gehe, um endlich einmal nach der Post der letzten Tage zu sehen, laufe ich meinem Vermieter in die Arme. Es ist mir peinlich, dass Miguel mich schon zum dritten Mal in diesem Monat mit verheulten Augen sieht.

Er hält mir die Beifahrertür auf. „Steig ein! Sonntags sollte niemand allein essen."

Sein Angebot rührt mich und duldet keinen Widerspruch. Vermutlich denkt er, dass meine Trübsal überwiegend am Verlust meiner „La Familia" liegt, und versucht nun, eine Art Ersatzfamilie für mich zu sein. Sein Sohn Ángel ist immerhin nur ein gutes Jahr älter als Celio, doch die zwei Familien könnten unterschiedlicher kaum sein. Er und seine Frau sind ebenfalls sehr herzlich, aber im Gegensatz zu Sergio und Carmen eindeutig Vertreter einer sesshaften Spezies, die gesellschaftlichen Konventionen weit eher folgen. Umso deplatzierter fühle ich mich, als uns seine Frau María im lachsfarbenen Kostüm die Tür ihrer Stadtvilla in Teguise öffnet. In Hotpants, grünem Tanktop und Flipflops stehe ich ihr gegenüber und entschuldige mich damit, dass ihr Mann mich spontan am Briefkasten entführt hat. Freundlich lächelnd ignoriert sie es und versichert mir stattdessen, wie sehr sie sich über meinen Besuch freuen. Sie führt mich ins Esszimmer mit Zugang zum Garten. Klassische Musik läuft. Mein Angebot, ihr in der Küche zu helfen, lehnt sie energisch ab und entschuldigt sich stattdessen dafür, dass das Essen noch eine Weile dauere und wir doch in der Zwischenzeit einen Kaffee trinken sollten.

Der Garten wirkt wie ein japanischer Zen-Garten und wird durch eine glatte Mauer aus schwarzem Vulkangestein begrenzt. Der Boden ist mit leuchtend weißen Kieselsteinen bedeckt und nur von schwarzen, geschwungenen Wegen unterbrochen. Es ist der für Lanzarote typische Kontrast zwischen Schwarz und Weiß; zwischen klaren Formen und

Linien und weicher fließenden Elementen. Das einzige Grün stammt von riesigen kugelförmigen Kakteen, die so durchdacht angeordnet sind, dass kein Zweifel daran besteht: Hier wird nichts dem Zufall überlassen.

Ángel besucht die Britische Schule in Tahiche, weil seine Eltern wollen, dass er nicht nur Spanisch beherrscht, sondern auch Englisch und Deutsch. Die meisten seiner Mitschüler im Alter von drei bis sechzehn sind ebenfalls Spanier und nicht, wie ich gedacht hatte, die Kinder britischer Residenten.

Die Milch zum Kaffee reicht María in einem edlen Silberkännchen, den Zucker im passenden Schüsselchen, alles auf dem dazugehörigen Tablett. Automatisch sitze ich aufrechter als sonst und versuche, möglichst keine Knigge-Regeln zu missachten, zumindest keine der wenigen, an die ich mich erinnern kann. Nachdem ich sämtliche Regeln unter der Rubrik „Dresscode" schon erfolgreich ignoriert habe, sollte ich wenigstens die unter „Tischmanieren" befolgen.

„Ángel, zeig Lisa doch mal deine Deutschbücher!"

Der Junge flitzt los und kommt mit einem Stapel Schulbücher zurück. Er schlägt die aktuelle Lektion auf, in der sie den Satz „Wie findest du …?" lernen. Darunter die Antwortmöglichkeiten: gut, nett, es geht, blöd, doof und langweilig. Dann versuchen wir es doch gleich einmal.

Ich frage Ángel auf Deutsch: „Wie findest du den Deutschunterricht?"

„Langweilig, blöd und doof!"

Na, das klappt doch wunderbar. Sein Vater, der kein Wort versteht, scheint äußerst zufrieden mit unserer kleinen Deutschstunde.

Ángel zeigt mir nicht nur sein Deutschbuch, sondern sämtliche seiner Schulbücher, und versteht kaum, warum mich ausgerechnet sein Speiseplan interessiert. Er liest sich eher wie das Tagesmenü eines Gourmetrestaurants als das Schulessen für Kinder. Täglich gibt es ein Drei-Gänge-Menü mit Vorsuppen wie „Crema de champiñones“ und Hauptgerichten wie „Paella mixta“ oder „Calamares en salsa“. Natürlich frisch und vor Ort gekocht. Miguel erklärt, dass die Kinder in den staatlichen Schulen hier bis 13 oder 14 Uhr in der Schule bleiben und dann üblicherweise zu Hause essen, in Ángels Schule dagegen bleiben sie bis 15 Uhr und essen dort.

„Und wir haben eine Schuluniform, die meisten anderen nicht“, ergänzt Ángel stolz. Natürlich rennt er sofort los, um sie mir vorzuführen. Ganz in Blau – nur mit weißem Poloshirt – kommt er zurück.

Er sagt es nicht direkt, aber unterschwellig nehme ich wahr, dass Miguel das britische Schulsystem dem spanischen als überlegen einschätzt. Ich erfahre auch, dass die „Primaria“, von der Ángel bald das erste Jahr beendet, in Spanien sechs Jahre dauert und die „Educación Secundaria Obligatoria“ weitere vier. Viele Kinder beginnen aber schon davor mit der freiwilligen dreijährigen „Educación Infantil“, einer Art Kindergarten und später Vorschule. Nach der Pflicht-Oberstufe haben die Schüler drei Optionen: eine Berufsausbildung, einen zweijährigen berufsbildenden Schulzweig oder eine weitere zweijährige allgemeine Schulbildung, die der Oberstufe deutscher Gymnasien entspricht und mit dem Bachillerato abschließt, der die Voraussetzung für die Teilnahme an der Unizugangsprüfung ist.

María beginnt damit, Platzdeckchen auf den Esstisch zu legen – offensichtlich das Zeichen, dass Miguel und Ángel jetzt aufspringen dürfen und sollen, um beim Tischdecken zu helfen. Nur mir wird jede Art von Hilfe weiterhin verboten. So sitze ich allein mit meinem schlechten Gewissen am Tisch, während die anderen um mich und mein Gewissen herumwuseln und sich der Tisch mit einer solchen Anzahl von Schüsseln füllt, dass ich vermute, sämtliche Großeltern und entferntesten Tanten sollten spätestens jetzt ihre Sonnenhüte auf die dafür vorgesehene Ablage der Garderobe legen.

María stellt eine kleine Pfanne mit Gambas in reichlich noch blubberndem Olivenöl mit Knoblauch auf einen feuerfesten Untersetzer. Lecker, das fängt doch großartig an. Außer mir scheint jeder zu wissen, was sich unter den Deckeln der einzelnen Schalen verbirgt. Unter der ersten finde ich Ensaladilla, spanischen Kartoffelsalat mit Mayonnaise, unter weiteren Hackbällchen in Tomatensoße, Oliven, Sardinen und etwas bisher Undefinierbares, das in Schinken gewickelt und von Zahnstochern durchbohrt ist.

Ich habe nicht erwartet, dass spanische Familien auch zu Hause den Aufwand betreiben, derart viele verschiedene Tapas zu zaubern. Ich hatte immer angenommen, dass diese eher in einer Tapasbar oder im Restaurant gegessen werden. Ich habe keine Ahnung, ob María häufig diesen Aufwand betreibt oder nur sonntags, wenn Besuch da ist, und traue mich nicht, sie zu fragen.

Beim Essen schwärmen wir von Lanzarote: die Farben, die Formen, die Herzlichkeit der Menschen, die Heldentaten von César Manrique, natürlich das Wetter. María ist begeistert, dass ich es mit mindestens demselben Überschwang tue wie sie.

Nach dem Essen fragt Ángel mich, ob ich gern spiele, und hält dabei bereits eine große bunte Pappschachtel in der Hand, weshalb meine Antwort selbstverständlich „Ja!" lautet. Wir spielen „¿Quien es?", ein Spiel, bei dem jeder auf seiner Seite einer kleinen Wand Gesichter mit verschiedenen Merkmalen aufdeckt, sich eins aussucht, und der andere muss dann anhand von Ja- und Nein-Fragen herausfinden, welches Gesicht gemeint ist. Nach jeder Runde wechseln wir auf Wunsch seines Vaters die Sprache für unsere Fragen: Englisch, Deutsch, Spanisch. Die deutschen Runden gestalten sich schwierig, weil Ángels Deutsch deutlich weniger ausgeprägt ist, als sein Vater vermutet. Nach einer Weile bemerke ich, wie der Junge die Lust verliert, und wir einigen uns stillschweigend darauf, dass ich nichts mehr verbessere, sondern wir notfalls einfach raten, was gemeint war, bis nach einer Weile einer von uns – einfach abwechselnd – „Fertig!“ ruft. Jetzt steige ich in der Achtung des Kleinen, weil ich mich in seinen Augen mit ihm gegen seinen Vater verbündet habe.

Zum Abschied will María wissen, ob ich nächsten Sonntag schon etwas vorhätte, und Ángel will mich jetzt jedes Mal besuchen, wenn sie in Famara sind. Und das kommt häufig vor, da Miguel gern bei uns im Haus nach dem Rechten sieht und Ángel gern auf dem Spielplatz vorm Haus den anderen Kids zeigt, dass seine Sonnenbrille die coolste ist und man das Cap in jedem Fall mit dem Sonnenschutz nach hinten tragen muss. Den Juni und Juli werden sie sogar komplett in ihrer Sommerwohnung im Nachbarhaus verbringen.

Juni

Ein paar Tage später klopft es an meine Tür, ich öffne, und diesmal schauen mich gleich zwei schwarz verschmierte Gesichter an.

„Los, zieh dich an, wir gehen demonstrieren!“, verkünden Naira und Enric.

„Gegen verheiratete Männer, die Geliebte haben?“

„Auch, hauptsächlich aber gegen Ölbohrungen vor unseren Küsten.“

Natürlich waren mir all die Plakate mit schwarzen Handabdrücken und der Aufschrift „¡NO!“ nicht entgangen, die seit meiner Ankunft auf sämtlichen Inseln an Hauswänden, Laternen und Autoscheiben hängen. Auch die bisherigen Demos hatte ich in den Nachrichten verfolgt, und überhaupt waren die von Repsol beantragten und nun von der spanischen Regierung genehmigten Probebohrungen eines der aktuellen Hauptgesprächsthemen hier. Repsol vermutet, aus den Ölfeldern östlich von Lanzarote und Fuerteventura über einen Zeitraum von dreißig Jahren so viel Rohöl fördern zu können, dass damit zehn Prozent des Bedarfs in Spanien gedeckt werden könnten. Jährlich würde der Erdölkonzern etwa 700 Millionen Euro Steuern an Spanien bezahlen.

Doch auf den Kanaren sind sich alle einig – die regionale Regierung, Umweltschützer, Einwohner, besonders vehement Vertreter der Tourismusbranche: Dagegen! Ihre Argumente: Ein eventuelles Unglück hätte dramatische Folgen für die Unterwasserwelt und die enorme Artenvielfalt hier. Auch die Versorgung mit Trinkwasser durch Meerwasserentsalzungsanlagen sei in einem solchen Fall gefährdet. Vor allem aber fürchten sie das Wegbleiben der Touristen und damit einer der Haupteinnahmequellen.

Die Petition gegen die Bohrungen haben schon über 200 000 Menschen unterschrieben. Die spanische Regierung beeindruckte das jedoch wenig: Sie genehmigte die Probebohrungen über sieben Einsprüche hinweg. „Wir fühlen uns behandelt wie eine Kolonie", kommentierte der kanarische Ministerpräsident Paulino Rivero die Entscheidung aus Madrid.

Ich wehre mich halbherzig damit, dass ich keine Demos mag und nicht in der Stimmung bin, aber schon hat mir Naira schwarze Farbe ins Gesicht geschmiert mit dem Kommentar: „Hier, du brauchst noch Öl" – und meine Einwände damit einfach ignoriert.

Enric ergänzt: „Und Ablenkung. ¡Vamos!"

Naira findet, ich sollte meine Wut auf etwas anderes projizieren, Repsol oder die Regierung in Madrid, das würden die anderen schließlich auch tun.

„Aber genau deshalb sind mir Demos ja suspekt, geballte Wut fand ich schon immer bedrohlich", wende ich ein.

„Es geht doch eher um den Zusammenhalt aller hier, und dafür hilft ein externer Feind ungemein", sagt Enric.

Ich gehe in der aufgebrachten Masse mit, fühle mich aber seltsam unbeteiligt. Geschätzte 30 000 Menschen sind heute allein in Arrecife auf der Straße, gleichzeitig werden bis zu 200 000 weitere auf den sieben anderen Inseln vermutet. Sogar auf der Miniinsel La Graciosa haben sich von den 700 Einwohnern etwa 150 zur Demonstration versammelt. Auf den besonders betroffenen Inseln Fuerteventura und Lanzarote beteiligte sich jeweils fast ein Viertel der gesamten Bevölkerung, wie ich später in den Nachrichten erfahre.

Vier junge Mädchen tragen ein Banner mit der Aufschrift „Señores corruptos, rauben Sie uns nicht die Zukunft!“, überall halten Menschen die schwarzen Handabdrücke in die Luft, die ich zuvor schon auf den vielen Protestplakaten gesehen habe. Die Gespräche drehen sich um die Umweltkatastrophe im Golf von Mexiko, als die Bohrplattform Deepwater Horizon explodierte, und darum, dass die geplante Ölförderung unvereinbar damit sei, dass Lanzarote und Fuerteventura von der UNESCO als Biosphärenreservat anerkannt sind.

Noch ahnt hier niemand, dass die Probebohrungen ab November 2014 kein Öl in ausreichender Menge und Qualität für eine Förderung zum Vorschein bringen werden und Repsol die Bohrungen im Januar 2015 offiziell abbricht.

Als positives Beispiel, wie es funktionieren könnte, wird immer wieder El Hierro, die kleinste und westlichste der sieben Hauptinseln, genannt. Dort wurde nun erreicht, was vor vielen Jahren als ehrgeiziges Projekt begonnen hatte: El Hierro ist die erste Insel weltweit, die sich komplett und autark mit erneuerbarem Ökostrom versorgt.

Erreicht wurde dieses Ziel mit einer Kombination aus Wind- und Wasserkraft. Fünf Windgeneratoren erzeugen Strom, von dem jeder Überschuss dafür genutzt wird, Wasser in das obere von zwei Becken auf etwa 700 Metern zu pumpen und damit die Energie zu speichern. Weht zu wenig Wind, schießt das Wasser in das untere Becken und treibt dabei vier Turbinen an; auf diese Weise wird eine kontinuierliche Stromversorgung der knapp 11 000 Inselbewohner sichergestellt. Seit Beginn des Jahres läuft die Anlage „Gorona del Viento“ im Probebetrieb und soll nun Ende des Monats endgültig ihren normalen Betrieb aufnehmen.

Solche Windkraftanlagen in Kombination mit einem Pumpspeicherkraftwerk könnten eine Alternative für viele

Inseln sein, die jetzt noch auf den Import von Diesel angewiesen sind, obwohl sie ebenfalls über die nötigen erneuerbaren Ressourcen verfügen.

Doch nicht nur ökologisch, sondern auch finanziell soll sich die Umstellung für El Hierro lohnen: Sie ist um mehr als zwanzig Prozent kostengünstiger als die ehemalige Versorgung mit Dieselgeneratoren, und da die Anlage zu sechzig Prozent der Inselregierung gehört, fließen die Gelder nicht mehr an private Ölfirmen, sondern stehen der Inselregierung für weitere Projekte zur Verfügung. Und die gibt es: Bis 2020 sollen sämtliche Autos auf der Insel durch elektrische ausgetauscht werden und damit ebenfalls ohne fossile Brennstoffe auskommen.

Der Monat vergeht wie in Trance, auch die zahlreichen Fiestas ziehen an mir vorüber. Mein Alltag läuft weiter: Ich gehe zum Yoga, treffe Freunde, surfe manchmal, aber meine Perspektive fehlt. Zur Ablenkung stürze ich mich in Arbeit, die ich vor blinder Verliebtheit vor mir hergeschoben hatte, und darüber freut sich zumindest mein Kontostand.

Ben meldet sich noch ein paar Mal. Im Grunde läuft alles ganz klassisch, und genau wie jede andere in solch einer ekelhaft vorhersehbaren Situation denke ich, in unserem Fall wäre es ganz anders. Glaube ihm jedes „Aber ich liebe doch nur dich!“ und „Ich war noch nie so glücklich wie mit dir, du bist meine Seelenverwandte“. Glaube es ihm, wenn ich daran denke, mit wie viel Liebe im Blick er mich angeschaut hat und welchen Aufwand er betrieb, um mich zu sehen. Und glaube es ihm auch nicht, weil er auch jetzt noch zu keiner Konsequenz bereit ist, um das zu behalten, was ihm angeblich so wichtig ist.

Die meisten meiner Bekannten sagen mir die Standard-Trostsprüche, die man in solchen Situationen eben sagt: „Der hat dich gar nicht verdient." Oder: „Sei froh, dass du den los bist." Jeder dieser Aussagen stimme ich einsichtig zu, aber in meinem Inneren sieht es noch ganz anders aus. Ich will ihn doch gar nicht los sein, ich wollte mein Leben mit ihm verbringen. Wäre für ihn sogar zurück nach Deutschland gezogen. Alle paar Minuten schaue ich auf mein Handy, ob ich vielleicht doch eine Nachricht von ihm bekommen habe, die alles erklärt. Dabei weiß ich genau, wie nichtig seine Aussagen sind. Taten allein würden mich beeindrucken, aber die werden nicht folgen.

Mehrfach wähle ich auf Skype „Kontakt blockieren" und drücke dann doch nicht auf seinen Namen. Vielleicht ist ja doch alles ganz anders.

Der Sonntagmorgen beginnt mit einer weiteren unangenehmen Überraschung: Ich kann meinen Kopf nicht mehr nach links und nur noch wenige Millimeter nach rechts drehen. Beim Surfen gestern bin ich so ungünstig vom Board gefallen, dass ich dabei mit dem Rücken aufs Brett geknallt bin und mir einen Wirbel eingeklemmt habe. Das ist zumindest meine laienhafte Vorstellung davon, was zu der Blockade geführt haben könnte.

Enric weiß, was zu tun ist: „Ganz klarer Fall, du brauchst einen Chiropraktiker!"

Ich bin normalerweise dafür, erst einmal abzuwarten und zu schauen, ob mein Körper derartige Unannehmlichkeiten von allein regelt, aber mein Gefühl sagt mir, dass Hilfe dieses Problem schneller beseitigen würde.

Im Internet finde ich drei verschiedene Chiropraktiker, die vertrauenerweckend wirken – und eine Alternativoption, die ich nur im Notfall in Betracht ziehen würde. Kurz gesagt: Eine der drei Praxen bekomme ich ans Telefon, obwohl Sonntag ist; aber alle Termine sind ausgebucht für die nächsten drei Monate, nichts zu machen, akutes Problem hin oder her. Meine Notfallvariante könnte ich allerdings sofort an seinem Autohandel abholen. Ich lege auf und verspreche, mich gleich noch einmal zu melden. Ich bin verwirrt. Abholen am Autohandel und dann mit ihm zu seiner Praxis fahren? Ist er nun eher ein chiropraktizierender Autohändler oder ein Chiropraktiker, der, weil Sonntag und die Praxis geschlossen ist, seinem Hobby Autos nachgeht? Enric findet das amüsant, ich besorgniserregend. Er mustert mich: „Wenn ich mir dich so anschaue, denke ich, du hast keine andere Wahl. Komm, ich fahr dich hin."

Tatsächlich holen wir ihn in einem kleinen Dorf an einem Autohandel ab, den er für unseren Termin schließt. Ich bleibe im Auto sitzen, weil jede Bewegung nur unnötige Schmerzen verursacht. Enric steigt aus und begrüßt ihn, er nimmt auf dem Rücksitz Platz. Auf der Fahrt erzählt er mir seine Geschichte: Nachdem er in seiner Praxis in London jahrzehntelang Überstunden angehäuft und seine eigenen Reserven aufgebraucht hatte, zog er auf eine kleine Südseeinsel und behandelte dort nur noch in seinem privaten Umfeld. Er reiste viel, zog mehrmals um und landete schließlich auf Lanzarote, als sein Bruder den Autohandel eröffnete. Seitdem hilft er ihm gelegentlich aus und betreibt halbtags seine kleine Praxis.

Ähnliche Geschichten kenne ich von Nico und seinen Zahnarzt-Kollegen, die auch keine Lust mehr auf das Gehetze zwischen drei oder gar vier Behandlungsräumen hatten und nun sehr zufrieden in einem einzigen Behandlungsraum praktizieren. Teilweise halbtags, damit der Nachmittag zum Kiten oder Fliegen bleibt. „Work-Life-Balance", sagte mein Chiropraktiker ein paar Mal, das habe er jetzt begriffen.

Nach dem Gespräch fühle ich mich wohler; er scheint also doch zu wissen, was er tut. Vermutlich war es gut, dass ich erst mit ihm gesprochen und ihn danach gesehen habe. Enric nennt ihn später nur noch den Fleischer, was er an seinem Erscheinungsbild festmachte. Auch seine „Clínica“, ein winziges Zimmer in einem Hinterhof, erscheint mir nicht auf Anhieb vertrauenerweckend. Bevor er mit der Behandlung beginnen kann, muss er mehrfach in den verrauchten Nebenraum, um Kicker spielende Teenager zur Ruhe zu ermahnen. Dennoch, er biegt mich hin und her, wirft sich auf mich, meine Wirbelsäule kracht und knackt mehrfach, und dann verkündet er, dass jetzt alles wieder an der richtigen Stelle sitze und ich mich ein paar Tage ausruhen solle, dann sei alles wieder in Ordnung. Genau so war es.

Am nächsten Wochenende besucht Nico mich auf Lanzarote. Ich hole ihn von der Fähre in Playa Blanca ab, und wir verbringen den gesamten Tag an den Papagayo-Stränden. Obwohl ich mittlerweile schon mehrfach hier war, brauche ich jedes Mal ein paar Versuche, bis ich von Playa Blanca die richtige Sandpiste zum Kassenhäuschen finde, an dem man die Parkgebühr bezahlt. Insgesamt sieben bis zu 400 Meter lange helle Sandstrände sind hier von Lavafelsen unterbrochen. Durch ihre Lage auf der Südseite Lanzarotes sind die Buchten, im Gegensatz zu denen an der West- und Nordküste, perfekt zum Schwimmen geeignet. Vor allem im Winter und Frühjahr war ich häufiger mit Naira hier zum Baden und Sonnen, wenn es in Famara durch den frischen Nordostwind dazu zu kühl war. Jedes Mal waren die Buchten hier optimal vom Wind geschützt; oft schien die Sonne, wenn sich in Famara Wolken stauten.

Auf dem Weg nach Famara zeige ich Nico einen weiteren meiner Lieblingsplätze der Insel.

„Komm, wir machen einen Abstecher nach St. Martin“, kündige ich mein Vorhaben an, als ich vorm Flughafen die

Abfahrt nach Puerto del Carmen und dann Matagorda nehme.

Das ist gefühlstechnisch zwar gewagt – wie der erste Ausritt, nachdem man vom Pferd gefallen ist –, aber aus genau diesem Grund halte ich es für sinnvoll. Diesen Platz will ich mir nicht nehmen lassen. Zugegeben, es ist nicht der schönste Strand der Insel, bei Weitem nicht, und auch die Umgebung hat architektonisch erschreckend wenig zu bieten. Aber dafür kommen wir schließlich nicht hierher.

Wir kommen, um im Sand zu liegen und Flugzeuge wenige – sehr wenige! – Meter über unsere Köpfe hinwegbrettern zu sehen. „Sehen“ ist untertrieben, „erleben“ träfe es eher, denn sie kommen so nah, dass wir die Luft vibrieren spüren und uns fast die Ohren zuhalten möchten, es aber vor lauter Staunen doch nicht tun. Wir legen uns auf den schmalen Streifen zwischen der Landebahnbefeuerung (auf Pfählen im Meer) und der Landebahn, die – natürlich eingezäunt – direkt hinter der Strandpromenade beginnt. Genau so wie am dafür berühmten Strand auf St. Martin. Klar, ein Jumbo oder ein A380 donnert hier nicht über unsere Köpfe, aber eine Boeing 767, die schon. Beeindruckend ist es allemal.

Es läuft immer gleich ab. Sobald ein anfliegendes Flugzeug in der Ferne zu sehen ist, versammeln sich Zuschauer in Verlängerung der Landebahn. Die Profi-Beobachter kennen den aktuellen Flugplan, andere verirren sich zufällig hierher. Manche springen hoch, wenn ein Flugzeug naht, weil sie meinen, sie könnten es berühren. Nicht, dass es sonderlich vorteilhaft für sie wäre, wenn sie es schaffen sollten. Als ich einmal mit Ben hier lag, fragte ich ihn, was er im Cockpit denkt, wenn Bekloppte vor ihm herumhüpfen. „Nichts“, meinte er, „man schaut schließlich auf die Bahn und nimmt die Hüpfer und Winker davor gar nicht wahr.“

Sich seitlich versetzt neben den Windschutz zu stellen, wenn ein Flugzeug startet – um zu probieren, wie stark man sich gegen den Abgasstrahl lehnen kann, ohne nach vorn zu fallen –, ist übrigens nur als Idee lustig. In der Praxis pfeffern einem dabei Unmengen Sand um und in die Ohren, während die Lungen in einem wahrscheinlich eher ungesunden Kerosin-Abgas-Cocktail gebadet werden.

Nachdem wir nun schon in Fliegerstimmung sind, beschließen wir, auf dem Weg nach Famara noch einmal am Modellflugplatz vorbeizufahren. Vielleicht ist heute, am Samstagnachmittag, jemand dort, der uns sagen kann, wer die gegenüberliegende Schotterpiste zum Fliegen verwendet. Irgendjemand muss es tun, denn die Windfahne wird regelmäßig erneuert.

Der Modellplatz sieht aus wie ein richtiger Flugplatz im Kleinformat. Liebevoll gestaltet, mit asphaltierter Bahn. Etwa 25 Vereinsmitglieder vom Teenager bis zum Rentner schrauben und basteln an ihren Modellflugzeugen, einige fliegen Loopings, überall liegen Schraubenzieher, Kabelstücke und Werkzeugkoffer. Andere stehen um den Grill herum und philosophieren über den richtigen Zeitpunkt, die Steaks zu wenden. Es riecht nach Grillkohle und Bier.

„Hast du Hunger?“, fragt mich der Grillmeister.

„Wir haben schon gegessen“, lüge ich, weil ich mich nicht aufdrängen möchte. Aber ich habe Hunger, es duftet herrlich, und ich würde gern bleiben, weil mir die Leute sofort sympathisch sind. Ich verstehe zwar nichts vom Modellbau, aber die Stimmung ist ähnlich wie auf einem richtigen Flugplatz, und das genieße ich sehr. Er ignoriert meine Antwort und reicht mir einen Teller, liebevoll angerichtet mit Folienkartoffel, Steak und Salat.

Nico telefoniert in der Zwischenzeit mit Daniel, einem Spanier, der auf Gran Canaria eine Ultraleicht-Flugschule betreibt und gelegentlich auch auf Lanzarote fliegt. Die Nummer bekam er zuvor von einem anderen Vereinsmitglied, das mir nun erklärt, wie der Verein zu der Startbahn gekommen ist. Die Gemeinde Teguise hat sie gesponsert und beim Asphaltieren der Straße nebenan gleich mit bauen lassen, um den Jugendlichen etwas zu tun zu geben, „damit sie sich in ihrer Langeweile nicht in Drogen flüchten“. Er spricht von der Perspektivlosigkeit der Jugend ohne Arbeit und davon, dass durch die Nähe zu Marokko Drogen leicht zugänglich für die Kids seien.

Als wir Stunden später gut gesättigt den Mini-Flugplatz verlassen, erwäge ich ernsthaft, mir ein Modellflugzeug zu kaufen und dem Verein beizutreten.

Schon als ich im Februar meinen Mietvertrag unterschrieben habe, hat mir Miguel gesagt, dass ich Ende Juni bis Anfang Juli für drei Wochen mein Apartment räumen müsste, da es in dieser Zeit bereits vermietet sei. Nico bietet mir an, in dieser Zeit bei ihm auf Fuerteventura zu wohnen.

Fuerteventura. Nico wartet an der Fähre auf mich, als ich nach der halbstündigen Fahrt von Playa Blanca in Corralejo ankomme. Wir gehen zu einem dreigeschossigen orangefarbenen Häuserblock direkt gegenüber vom Hafen, keine zwei Minuten entfernt. Obwohl es draußen drückend heiß ist, weht eine angenehm frische Brise durchs Haus, und ich verstehe augenblicklich, warum der Architekt auf eine geschlossene Wand zum großen dreieckigen Innenhof verzichtet hat. Die meisten Türen sind nur angelehnt oder ganz geöffnet. Kinder spielen im Gang. Aus den Wohnungen dringen Gespräche, Musik oder Fernsehstimmen. Auf jedem Gang stehen mindestens fünf Wäscheständer. Warum sollte man dafür auch Wohnraum verschwenden? Wenn der Nachbar schon die Gespräche mithören kann, warum sollte er dazu nicht auch die Unterhosen der Sprechenden kennen?

Corralejo ist wenig beeindruckend, aber auch nicht explizit hässlich. Die Promenade am Wasser mit ihren vielen Restaurants und Cafés gefällt mir. Von Einheimischen höre ich gelegentlich die Beschwerde, dass die Stadt seit einem Jahr von italienischen Einwanderern überschwemmt werde, von denen es hier angeblich mittlerweile fast 7000 geben soll. Die Zahl erscheint mir übertrieben, das würde knapp der Hälfte der Gesamteinwohnerzahl entsprechen.

Jeder hier scheint seine Insel zu lieben, obwohl sie auf den ersten Blick kaum Spektakuläres aufweist. Keine grünen Wälder oder tiefen Schluchten wie auf den westlichen Inseln oder einheitlich hübsche Häuser wie auf Lanzarote. Dafür erschreckend viele Bauruinen von gigantischen Ausmaßen, die teilweise seit Jahrzehnten unverändert stehen, weil sie sich im Privatbesitz der ehemaligen Investoren befinden und die Regierung sie nicht abreißen darf. Aber Fuerteventura ist für seine traumhaften Stände bekannt, und die werde ich hier genießen wie eine Touristin.

Wir sind mit Aridane am Flugplatz „Aerodromo del Jarde" verabredet. Beim Grillabend letzte Woche auf Lanzarote bekam ich seine Telefonnummer, und wir haben verabredet, dass ich heute mit ihm als Fluglehrer einen Rundflug über Fuerteventura machen könne. Entsprechend glücklich bin ich heute Morgen aus dem Bett gesprungen. Dieses Glücksgefühl hielt exakt so lange an, bis ich auf dem Balkon meine gestern aufgehängte Wäsche aus sämtlichen sandigen Ecken und von den Metallspitzen zur Taubenabwehr am Geländer sammeln musste. Das allein hätte meinem Glücksgefühl natürlich nichts anhaben können, nein, es war die Erkenntnis, dass böiger Wind, der stark genug ist, Klammern von

Wäscheleinen zu reißen, auch stark genug ist, ein Ultraleichtflugzeug in eine Art Schleudergang zu befördern. Das – in Kombination mit dem Wissen, dass Aridane vorerst nur noch heute auf der Insel sein würde – trübte meine Stimmung.

Trotzdem fahren wir zum Flugplatz in Richtung Inselmitte. Man kann ja nie wissen. Dort angekommen, ist der Wind nach wie vor zu stark und niemand zu sehen. Nur ein rostiges Auto, von dem man nicht sagen kann, ob es zur Verschrottung hier abgestellt wurde oder ob jemand damit angereist ist. Wie ein verlassener Wüstenflugplatz liegt er da; der braune Sand scheint auf magische Weise am Boden zu kleben. Das große Schiebetor zum Hangar ist einen Spalt geöffnet. Wind heult durch alle Ritzen. Wir klopfen, ich versuche, das Tor weiter zu öffnen, scheitere aber an mangelnder Muskelkraft. Nico hilft, jetzt geht es, wenn auch nicht ohne ein unangenehm lautes Quietschen. Immerhin weiß jetzt jeder, dass wir da sind. Jeder bedeutet in diesem Fall: ein Fluglehrer, der auf der Kante seines Tisches sitzt, und sein einziger Schüler vor ihm. Wir entschuldigen uns für die Störung und wollen wieder gehen, doch das lehnen sie ab, weil es doch „eine gute Zeit für eine Pause" sei. Der Lehrer wischt zur Untermauerung der Aussage seine Skizze eines Flügelprofils von der Tafel.

„Aridane ist schon weg. Der Wind", erklärt er.

Wir unterhalten uns über die fliegerischen Möglichkeiten für Privatpiloten auf den Kanaren. Kurz: Sie sind nicht sehr üppig, da Fluglotsen wohl wenig Interesse an Hobbypiloten mit geringer Flugerfahrung haben, die hier auf verhältnismäßig kleinem Raum munter zwischen den Airlinern herumflattern. Außer diesem hier sei nur noch ein einziger Flugplatz als solcher zugelassen, im Süden von Gran Canaria. Dort sitze eine Flugschule, betrieben von Daniel, der früher auch einmal diesen Flugplatz hier leitete. Aha! Schon wieder dieser Daniel. Mit ihm hatte Nico doch erst letzte Woche vom Modellplatz aus telefoniert. Alle scheinen sich einig zu sein, dass er der beste Ansprechpartner für meine Begeisterung für Kleinflugzeuge auf den Kanaren sei.

„Dann fliegen wir eben zu dem!“, schlussfolgert Nico, der meiner Enttäuschung über den verpassten Flug etwas entgegenzusetzen versucht. Erfolgreich.

Auch für heute hat Nico einen Alternativplan parat: „Komm, wir fahren zu einer Patientin, die mich schon mehrfach zu sich nach Hause eingeladen hat. Das muss gleich hier sein.“

Keine fünf Minuten, nachdem Nico sie angerufen hat, ist Christa auch schon bei uns am Flugplatz, um uns über Feldpisten zu ihrer Finca zu lotsen. Dort angekommen, lernen wir als Erstes Susi, Manfred, Herrmann und Edgar kennen. Manfred und Herrmann schauen zum Küchenfenster herein und kauen jeweils eine Möhre, die Sven ihnen zuvor gegeben hat. Edgar wohnt in einer Voliere im Garten mit unzähligen bunten Vögeln zusammen. Er selbst ist ein Leguan, Herrmann ein Schaf, Manfred eine Ziege, Susi ein Hund, Sven ihr Herrchen. Letzterer hat mit seiner Frau zusammen vor zwanzig Jahren einen ehemaligen Ziegenstall zur Finca ausgebaut. Christa präsentiert uns stolz eine Steinwand; nicht irgendeine, nein, die erste, die sie eigenhändig gebaut hat. Dann ein Fotoalbum. Es beginnt mit Fotos einer Ruine, dann einer entrümpelten Ruine, schließlich Baumaterial und dann schrittweise dem Haus, in dem wir jetzt gemütlich Kaffee trinken.

Die beiden fahren als Reiseleiter in Touristenbussen mit, weshalb ich sie für die perfekten Ansprechpartner für Ausflugstipps auf der Insel halte, die sie uns bereitwillig geben und in eine Landkarte einzeichnen. Wie eine Schatzkarte erscheint sie mir nun, die wir in meinen drei Wochen hier noch mehrfach verwenden werden. Die Strände Sotavento, Cofete und Cotillo und die Orte Betancuria und Ajuy sind besonders dick eingekreist, was ich als „besonders sehenswert“ deute. Sven hat versucht, einen Riesenkringel um die gesamte Halbinsel Jandía zu machen, das wurde ihm aber rechtzeitig von Christa untersagt.

An einem windschwachen Wochenende fahren wir zum Gleitschirmfliegen nach Lanzarote. Wir nutzen eine private Fährgesellschaft mit deutlich kleineren Booten, weil es auf der Schnellfähre von „Fred Olsen“ kein Sonnendeck gibt und bei „Armas“ Ticketkauf und Passkontrolle oft ewig dauern. Die Fahrt mit den kleinen Fähren kostet die Hälfte, macht dafür aber doppelt so viel Spaß. Bisher jedenfalls.

Auf der Rückfahrt sind die Stühle an Deck restlos besetzt, für uns bleibt als Sitzgelegenheit nur die Box vorn neben dem Kapitänshäuschen, in der die Schwimmwesten lagern. Ein kleiner Junge schleicht sich wieder und wieder heran, um seinen Kopf – zuerst heimlich – in den offenen Steuerraum des Kapitäns zu stecken. Der bittet ihn herein, und der Kleine kann sein Glück kaum fassen. Vor uns gleitet ein Schwarm fliegender Fische bestimmt 200 Meter übers Wasser und taucht dann wieder ab. Als ich mich das nächste Mal umdrehe, hat der Junge bereits die Kapitänsmütze auf, und wieder beim nächsten Mal hat er auf dem Sitz vorm Steuerrad Platz genommen. Seine kurzen Arme reichen kaum bis ans Rad, und darüber hinwegschauen kann er erst recht nicht, aber seine Augen funkeln vor Stolz.

„Ein bisschen rechts!“, und der Junge dreht zaghaft. Bevor wir in den Hafen einfahren, schickt der Kapitän ihn zurück zu seiner Mutter.

Dann geht alles ganz schnell. Etwas stimmt nicht. Weil

wir vorn sitzen, sehen wir es zuerst. Ich starre auf die Kaimauer. Mit vollem Tempo rasen wir frontal auf sie zu. Es ist zu spät für Warnungen, als es mir bewusst wird: Wir prallen gleich ungebremst gegen die Mauer.

Nico versteht Millisekunden vor mir: „Festhalten!“, schreit er mich an und stemmt seine Beine gegen die Reling.

Ich schütze meinen Kopf mit den Armen und drehe meine Wirbelsäule in letzter Sekunde noch gerade. Der Aufprall ist heftig, aber Nico schafft es, mich zu halten.

„Bist du okay?“

„Glaub schon. Du?“

„Ja.“

Einige haben sich das Gesicht am Vordersitz aufgeschlagen, vielleicht ist die eine oder andere Nase gebrochen, doch niemand scheint ernsthaft verletzt. Keiner sagt etwas. Nur der Kapitän brüllt einem Passanten auf der Kaimauer zu, er solle das Seil fangen. Wir treiben mehr und mehr ab, und der Mann versteht nicht. Er starrt nur auf unseren abgefetzten Bug. Seinem Blick nach zu urteilen, muss es schlimm aussehen.

Jetzt brüllen ihm auch andere zu: „Verdammt, fang das Seil!“

Knapp, sehr knapp, aber er hält es. Ich will nur noch runter vom Boot. Wir sinken, wenn auch langsam. Fragen, die ich mir bisher nie gestellt habe, schießen mir durch den Kopf. Größtenteils unsinnige, wie die Überlegung, entweder jetzt ins Wasser zu springen und wegzuschwimmen, um dem Sog des sinkenden Bootes zu entkommen, oder alternativ zu warten, bis wir tiefer sind, und dann zu versuchen, an Land zu springen. Natürlich tue ich nichts dergleichen, schließlich ist das Seil befestigt. Nico läuft über das Deck, um Erste Hilfe zu leisten. Ich könnte heulen vor Mitgefühl mit den Verletzten und vor Schock. Ich zittere noch immer am ganzen Körper. Wenn mich schon mein Gewissen quält, weil ich es nicht mehr geschafft habe, die anderen zu warnen, wie muss sich dann erst der Kleine fühlen?

Seine Mutter wiegt ihn im Arm und flüstert ihm wieder und wieder zu: „Es ist nicht deine Schuld!" Der Junge zittert, weint und schreit. Er glaubt ihr nicht, obwohl sie recht hat. „Nicht deine Schuld", wiederholt sie.

Am nächsten Tag schaue ich in alle Zeitungen und finde – nichts. Kein Foto der sinkenden Fähre, keinen Bericht, wie es den Verletzten erging, oder eine Erklärung, wie es zu dem Unfall kam. Nichts. Das passt genauso wenig ins Bild des Urlaubsparadieses wie die Ertrinkenden am Strand, die wieder einmal die Strömung unterschätzt haben. Am nächsten Morgen ist das Wrack weggeschleppt, und im Hafen wartet ein anderes Boot auf die Urlauber, als wäre nichts gewesen.

Jeden Morgen, wenn ich aufwache, steht ein Teller mit frisch geschnittenem Obst für mich im Kühlschrank. Ein wenig später kommt Nico aus dem Fitnessstudio zurück, bringt Kaffee und Croissants mit, wir frühstücken auf der Terrasse. Falls ich ihn vor seinem Training sehe, kommentiert er sein Gehen mit: „Die Konkurrenz schläft nicht!" Dabei lacht er und zeigt auf seinen – noch nicht übermäßig beeindruckenden – Bizeps.

Eines Tages ist meine Mango in Herzform geschnitten, ein weiteres Stück als Delfin, ein Flugzeug und ein Wal liegen noch auf meinem Teller. In den nächsten Tagen folgen weitere fantasievolle Figuren, mit einer Präzision aus Mangoscheiben geschnitzt, die ich nie für möglich gehalten hätte. Schließlich finde ich keine Haie und Gleitschirme mehr auf meinem Teller, sondern ausschließlich Herzen. Jedes einzelne Stück Obst in Herzform: Mangos, Bananen,

Äpfel, sogar Orangen. Jeden Morgen lacht mich nun ein Teller voller Herzen an, manche mit eingeritztem Smiley-Gesicht. Und ich reagiere nicht. Weil ich einfach nicht weiß, wie.

Juli

Der Monat beginnt mit einem Versprechen, das ich mir gebe: Schluss damit, kein unsicherer Schwebezustand mehr, kein Hoffen mehr, dass Ben seine Entscheidung für mich doch noch auf einem Banner hinter einem Flugzeug über die Kanaren schleppt. Ich zwinge mich, mir einzugestehen, dass es nicht um seine Entscheidung zwischen zwei Frauen geht, sondern um meine Entscheidung gegen ihn. Mit einem Mann, der mich monatelang belogen hat, könnte ich kaum wieder glücklich werden. Und so schreibe ich ihm einen Brief, in dem ich unsere Beziehung beende, die mir jetzt nur noch wie eine Affäre erscheint. Ich bin noch nicht so weit, ihn abzuschicken, aber werde es am Abend des ersten Tages tun, an dem ich nicht mehr überwiegend an ihn gedacht habe.

In den nächsten Tagen ist es so heiß, dass mein Kaffee eher wärmer als kälter wird, wenn ich ihn eine Weile stehen lasse. Das ist selten an einem Ort, der kaum je den schmalen Wohlfühlbereich „angenehm warm" nach oben oder unten verlässt, höchstens beide Enden gelegentlich leicht berührt. Meist liegen die Temperaturen zwischen 18 und 25 Grad. Gäbe es die zwei ausgleichenden Phänomene Nordostpassat und Kanarenstrom hier nicht, wäre es vermutlich genauso trocken und heiß wie in der Sahara, die nur gut hundert Kilometer östlich von Fuerteventura auf gleicher geografischer Breite beginnt. Zum Vergleich: Die Länge von Fuerteventura beträgt ebenfalls etwa hundert Kilometer. Der vorherrschende Nordostpassat bringt relativ kühle, feuchte Luft und hält meist – mit Ausnahme von Calima-Wetterlagen – die heißen Luftmassen aus der Sahara fern. Gleichzeitig führt der Kanarenstrom aus derselben Richtung kühles Wasser an den Kanaren vorbei und gleicht damit ebenfalls die Lufttemperaturen aus.

Ich möchte es nutzen, dass einer der schönsten Strände der Kanaren direkt südlich von Corralejo beginnt, und komme fast täglich hierher. Kilometerlanger, feinster heller Sandstrand, türkis leuchtendes Meer, nur wenige Badegäste.

Da Nico begeisterter Kitesurfer ist, verbringen wir auch einige Zeit an der Playa de Sotavento im Süden der Insel. Während er übers Wasser heizt, mache ich es mir auf einer der Sonnenliegen vor dem berühmten René Egli Kitecenter gemütlich. In zwei Wochen beginnt hier – wie jedes Jahr – der „Windsurfing und Kiteboarding World Cup".

Los Lobos. Zulu hatte die türkisfarbene Lagune auf Lobos als den schönsten Ort der Welt beschrieben und damit Erwartungen geweckt, die kaum zu erfüllen waren. So finden wir vielleicht nicht den schönsten Ort der Welt, aber einen wunderbar eigenwilligen: Zuerst war da der Hinweis auf die Meermenschen, dann die Robbenkadaver und die Frage nach den Wölfen, und zum Schluss tauchte eine römische Purpurfabrik im Sand auf. All das auf einer weniger als fünf Quadratkilometer kleinen Insel zwischen Fuerteventura und Lanzarote. Aber der Reihe nach.

Hinter der Bootsanlegestelle informiert eine Tafel über die vielen Mönchsrobben, die einmal die Insel bevölkerten, bevor wir Menschen uns hier ausgebreitet und ihnen keinen Platz mehr gelassen haben. Bei Fischern waren ihr Fleisch und Fett beliebt, nicht aber ihre Konkurrenz um die Fischbestände vor der Insel. Sie wurden ausgerottet und vertrieben; heute denkt man darüber nach, sie wieder anzusiedeln.

Drei Mal seien laut Infotafel auch Meermenschen gesichtet worden, die auf einem Stein in der Sonne saßen, „über und über bedeckt von wunderhübschen weißen, roten und blauen Schuppen, mit Haaren und langem Bart". Es wird berichtet, dass sie „unter den Flossen Hände und Füße wie die unseren trügen, denn ohne diese sei nicht anzunehmen, dass sie mit so hoher Würde schreiten könnten".

„Verrückt, dass wir genau jetzt von Meermenschen lesen!", bemerkt Nico. Erst vor ein paar Tagen haben wir eine Reportage über die angebliche Existenz dieser Kreaturen gesehen, die – wie Arielle, die Meerjungfrau – mit einem menschenähnlichen Oberkörper und einem Fischschwanz im Meer leben sollen. Die Theorien über ihre Herkunft reichen von missglückten oder gelungenen Genversuchen bis zu weniger spektakulären Erklärungen wie: Sie lebten einmal als Fischer an Land, verbrachten mehr und mehr Zeit jagend im Wasser, bis sie schließlich über viele Generationen so gut ans Meer angepasst waren, dass sie es zu ihrem Lebensraum machten.

Einige Schritte weiter entdecke ich zwei Mönchsrobben-Kadaver. Bei genauerem Hinsehen und vorsichtigem Berühren stellen sie sich jedoch als Steinfiguren heraus. Sie waren zum Teil von rotem Sand bedeckt und sahen deshalb echt aus. Ich buddele ihre Köpfe ein wenig aus, und freundliche Gesichter kommen zum Vorschein. Schon besser.

Die Antwort auf die Frage, warum die Insel nach Wölfen („lobos") benannt ist, die es hier sicher nie gegeben hat, finde ich schnell im Besucherzentrum: Seefahrer bezeichneten die Mönchsrobben damals als Seewölfe.

Vom Besucherzentrum aus folgen wir den Schildern nach Osten in Richtung El Puertito, der einzigen Ortschaft der Insel, wobei es sich eher um eine Ansammlung weniger Hütten handelt, in denen einige Familien und Fischer ihre

Wochenenden verbringen. Nur an einer Stelle stehen die wenigen Häuser so dicht, dass sie eine schattenspendende Gasse bilden. Auf manchen ist eine kleine Solaranlage installiert. Unter einem provisorischen Sonnendach sitzen zwei gelangweilte Teenager-Jungs auf gelben Plastikstühlen.

Zwischen all den ehemals weißen – jetzt grauen – und den dunklen, mit Lavasteinen verkleideten Hütten steht ein neues, noch nicht bezogenes Haus: strahlend weiß, mit einem modernen, runden Holzanbau im Braun der Türen und Fensterrahmen. Später lese ich, dass das Gebäude als Rastplatz mit Tischen und Bänken für Besucher gedacht ist und mit Getränke- und Snackautomaten versehen werden soll. Genau wie das Besucherzentrum wird es mit Sonnenenergie versorgt werden.

Durch schwarzes Lavagestein abgetrennt, leuchten die Lagunen neben der Siedlung in strahlendem Türkis wie eine übergroße Poollandschaft. Ich gehe barfuß langsam und vorsichtig über den schroffen Untergrund zum Wasser und lasse mich hineingleiten. Es ist flach und badewannenwarm, der Boden mit hellem Sand bedeckt. Das Beste ist: Ich habe mein Planschbecken ganz für mich allein. Nur ein paar Möwen stürzen sich ab und zu kreischend neben mir ins Wasser. Gefühlt sind im Moment kaum mehr als zwanzig Menschen auf der Insel, von denen die Hälfte allein im einzigen Restaurant zu Mittag isst. Zulu hatte recht: Es ist wirklich ein besonderer Ort.

Wir gehen weiter an der Küste entlang nach Norden, vorbei an kleinen, dunklen Vulkankegeln, mit helleren Sandabschnitten dazwischen und flachen, salzliebenden Sträuchern. Schilder erinnern daran, dass wir uns in einem Naturschutzgebiet befinden und die angelegten Wege nicht verlassen dürfen.

„Was würdest du tun, wenn wir jetzt einen Meermenschen sehen würden?", fragt Nico, als wir später auf die schwarzen Felsen an der Küste unter uns schauen. Er hatte also genau wie ich heimlich die Küste nach Arielle abgesucht.

„Nichts, ich würde sie beobachten und für immer darüber schweigen." Wenn es wirklich welche gäbe und sie es bis jetzt geschafft hätten, sich vor uns zweibeinigen Verwandten zu verstecken, dann wollte ich nicht dafür verantwortlich sein, dass sie als Forschungsobjekte gejagt und seziert werden.

Vorbei an einem weiteren hellen Strand zwischen schwarzen Lavafelsen, kommen wir an der Nordspitze zum Leuchtturm „Faro de Martiño". Eine Büste erinnert an die Schriftstellerin Josefina Pla, die 1903 hier im Leuchtturmhaus geboren wurde und später nach Paraguay zog.

Am Strand Playa de la Concha sind wir fast wieder am Ausgangspunkt des knapp zehn Kilometer langen Rundwegs um die Insel. Eine Gruppe junger Frauen mit Sonnenhüten und weißen Handschuhen sitzt vor einer Ausgrabungsstätte und siebt Sand durch große, flache Siebe. Die Fundstelle ist mit einem Zaun abgesperrt und mit grünen Planen überspannt, die Schatten spenden; überall liegen leere Eimer herum. Mit Sand gefüllte weiße Säcke beschweren die Abdeckplatten auf der Ausgrabungsstätte. Ich darf sie mir nicht aus der Nähe anschauen, aber ich darf mich zu den Mädchen setzen, ihnen beim Sieben zuschauen und Fragen stellen. So erfahre ich, dass sie nach Keramikresten und Teilen von Schneckenhäusern der Purpurschnecke suchen. Unter den Abdeckplatten verbergen sich Reste von teilweise schon freigelegten Gebäudemauern, deren Entstehungszeit sie etwa im 1. Jahrhundert nach Christus vermuten. Zusammen mit den Schneckenfunden liegt die Vermutung nahe, dass es sich bei dem Fund um eine römische Fabrik zur Herstellung von Purpur handelt. Der Farbstoff wird aus den Purpurschnecken gewonnen und ist einer der teuersten der Welt, für den Händler weite Expeditionen unternahmen. Im antiken Rom war es die Farbe der Senatoren, und auch die Toga der römischen Kaiser wurde später komplett in Purpur eingefärbt.

Wir reden auch darüber, wie faszinierend es ist, dass die Ureinwohner der Inseln damals schon Kontakt zu Handelsvölkern gehabt haben müssen – lange bevor die Spanier im 15. Jahrhundert die Kanarischen Inseln gewaltsam eroberten. Es wird auch vermutet, dass um 1100 vor Christus Phönizier die Kanaren auf der Suche nach neuen Handelswegen entdeckten.

Fuerteventura. In Nicos Mittagspause treffen wir uns an der Promenade zum Essen. Dabei erzählt er mir von Martin, einem Patienten, der sich bei ihm noch einmal vorsorglich seine Zähne renovieren lässt, bevor er mit seiner Frau Katja im Segelboot den Atlantik überquert. Mit keinem Wort erwähnt Nico sein Aussehen, und trotzdem erkenne ich ihn sofort: kinnlange Haare, hellblond und gewellt, eher dünn als schlank, klamottentechnisch durchgestylter als manche Frau und dabei durchaus attraktiv.

„Da kommt Martin doch!“, sage ich.

Und tatsächlich, genau das ist er. Ich hatte es im Gefühl, oder es war der Wunsch, ihn zu treffen. Es kommt, wie ich insgeheim gehofft hatte: Wir plaudern ein wenig mit Martin, und er lädt uns zum Abendessen aufs Boot ein.

Mit Wein und selbst gebackenem Kuchen gehen wir ein paar Stunden später an Bord. Martin und Katja sind so offenherzig und ihr Holzboot ist so gemütlich, dass wir uns sofort wohlfühlen. Katja führt mich herum. Auf dem Herd köchelt eine Bolognese.

„Versuch mal, auf hoher See mit Schräglage und Wellen zu kochen“, lacht sie.

In ihrer Koje demonstriert sie mir, wie sie sich zum Schlafen eng zwischen festen Kissen einklemmt, um nicht permanent hin und her geworfen zu werden. Schließlich muss sie nach spätestens sechs Stunden ausgeschlafen sein, dann ist Schichtwechsel, und sie übernimmt das Steuer. Wir setzen uns zurück zu den Männern an Deck, und Katja bewirtet uns mit einer Antipasti-Platte als Vorspeise. Ein kleines Windrad dreht sich ununterbrochen im Wind.

Ein halbes Jahr sind sie schon in europäischen Gewässern unterwegs; grobe Reparaturen am Boot haben sie erledigt, erste Streits auf engstem Raum überstanden. Im Herbst geht es dann weiter über den Atlantik nach Brasilien. Bis dahin bleibt ausreichend Zeit, sich die einzelnen Kanarischen Inseln und die Kapverden anzuschauen.

„Ihr habt eure Blinddärme nicht rausnehmen lassen, das ist mutig“, bemerkt Nico.

„Immerhin habe ich mir meine Zähne bei dir reisefertig machen lassen“, antwortet Martin.

„Habt ihr Nähzeug dabei?“, will Nico wissen, und nach seiner vorherigen Frage ahne ich, dass er damit kein Nähset für zerrissene Kleidung meint.

Sie besprechen den gesamten Erste-Hilfe-Koffer und die beste Art, klaffende Wunden wieder zusammenzuflicken. Mir wird schon vom Zuhören schlecht. Die drei unterhalten sich darüber im selben Tonfall wie über die Frage, ob wir nun zuerst mit Salat oder Vorsuppe weitermachen sollten.

Martin beschreibt die Route ihrer geplanten dreijährigen Weltreise, bis er in Neuseeland abbricht.

„Und dann?“, fragen wir.

„Dann sind die drei Jahre vorbei und unsere Ersparnisse aufgebraucht.“

Für die Zeit danach wollen sie sich noch auf keine Option festlegen, aber zur Auswahl stehen: Boot verkaufen und zurück in die Schweiz ziehen; Boot verkaufen und dortbleiben; zurückfliegen zum Geldverdienen oder selbiges in Neuseeland versuchen und dann weitersegeln.

Nach dem Essen ziehen wir gemeinsam los in die Stadt. In vielen Gassen und auf den Plätzen spielt Livemusik, die Nachtluft ist warm, das Mangoeis wie immer mit Suchtpotenzial. Katja schlägt vor, für einen Drink zur „Rastaomi" zu gehen, und jeder von uns weiß, wen sie damit meint: eine etwa 65-jährige Frau mit hüftlangen, wasserstoffblonden Dreadlocks, die selig dauergrinsend einen Jamaika-Shop betreibt, vor dem sie an zwei Tischen auch Getränke serviert.

Es fühlt sich an wie ein Abend mit alten Freunden. So viel wie heute Abend habe ich im gesamten letzten Monat nicht gelacht. Wir umarmen uns zum Abschied und tauschen keine Nummern aus. Sobald das Segel von der Reparatur zurück ist, segeln sie weiter. Das kann morgen früh sein oder erst in ein paar Tagen – je nachdem, wie das „mañana" der Werkstatt gemeint war. Zunächst nach Gran Canaria, dann die westlichen Kanaren, schließlich über den Atlantik. Natürlich werden wir sie dann nie wiedersehen, auch von ihnen hören werden wir nichts mehr, obwohl ich schon neugierig gewesen wäre.

Als wir am frühen Morgen zurück sind, schicke ich den Brief an Ben ab. Schließlich setzt sich mein unerschütterlicher Optimismus durch: Wenn er nicht der Richtige war, dann wartet sicher etwas noch viel Besseres auf mich. Ich habe auch aufgehört, unser Kennenlernen rückgängig machen zu wollen; denn dafür war die gemeinsame Zeit viel zu schön.

Lanzarote. Ich hatte meinen Mietvertrag nur für ein halbes Jahr unterschrieben, und nun wollte Miguel wissen, ob ich ihn verlängern möchte; wenn, dann vorzugsweise für mindestens ein Jahr. Falls nicht, hätte er bereits Interessenten, und aus diesem Grund wäre es gut, wenn ich mich bald entscheiden könnte. Das war nicht unbedingt das, was ich hören wollte, denn ich bin innerlich noch nicht an dem Punkt, an dem sich eine Entscheidung natürlich anfühlen würde. Lieber hätte ich Monat für Monat neu entschieden, ob ich einen weiteren bleiben möchte. Auch dem Untermieter in meiner Wohnung auf Gozo habe ich bereits zugesagt, dass er vier weitere Monate bleiben kann.

Seit meine „La Familia" weggezogen ist, fehlt mir ein triftiger Grund, zu bleiben. Obwohl auch nichts dagegen spricht. Das Leben hier ist leicht und schön, und mit Nico wohnt ein enger Freund nur eine halbe Stunde mit der Fähre entfernt. Doch es fühlt sich an, als ob es hier nicht mehr wirklich „vorangehen" würde. Bliebe ich, bliebe das meiste, wie es jetzt ist. All das wäre sicher nicht verkehrt, und doch will ich mehr. Eine Perspektive oder eine Entwicklung vielleicht. Genau weiß ich nicht, wonach ich suche. Auch könnte ich es genauso gut hier finden oder woanders, oder überall.

Die Entscheidung für den Gepäckschalter, an dem ich in zwei Wochen meinen Koffer aufgebe, ist gleichzeitig die Entscheidung darüber, wie und wo mein Leben weitergeht.

Vorsorglich treffe ich mich in den nächsten Tagen öfter als sonst mit meinen Freunden und organisiere einen weiteren Grillabend vor unserem Haus mit sämtlichen Hausbewohnern, den Mädels und Enric vom Yoga und allen, die uns währenddessen über den Weg laufen. Reichen Brot oder Wein nicht, ist der Supermarkt um die Ecke schließlich bis

22 Uhr geöffnet. Die BBQs auf dem sandigen Parkplatz vorm Haus sind zu einer Tradition geworden, die wir beinahe wöchentlich wiederholt haben und die sie sicherlich auch ohne mich fortführen werden. Noch weihe ich niemanden ein, dass ich vielleicht nicht mehr lange Bewohnerin dieses Hauses sein werde, weil ich meinen vorerst letzten Grillabend hier nicht in sentimentaler Abschiedsstimmung verbringen möchte.

Letzte Nacht hatte ich einen Traum: Ich stand vor einem Buffet, vielleicht zwanzig Meter lang, überladen mit so vielen leckeren Speisen, dass ich von der Auswahl ganz überwältigt war: Tagliatelle mit Hummer, ein Auflauf, aus dem Brokkolispitzen aus goldgelb überbackenem Käse ragten, prächtige Obsttorten, ein Kännchen mit Vanillesoße daneben. Ich begutachtete all die Leckereien und wusste genau, dass ich niemals alle auf einmal essen können würde, sosehr ich es mir bei ihrem Anblick auch wünschte. Dann begriff ich: Es war egal, sicher schmeckten alle gut, jede Entscheidung war richtig. Unfairerweise wachte ich auf, bevor ich mit dem Essen beginnen konnte. Doch die Erinnerung an meinen Traum blieb und mit ihm die am Buffet banal wirkende Erkenntnis: Es war egal, alle Entscheidungen waren gut. Ich würde glücklich sein, ob ich nun hierblieb oder ging.

Schließlich fällt meine Entscheidung: Ich werde für ein paar Wochen oder Monate zum Arbeiten nach Deutschland gehen. Seit ein paar Jahren ist der Job in meiner ehemaligen Gleitschirmflugschule auf der Wasserkuppe die Konstante in meinem Leben, weil ich regelmäßig als Zwischenstation dorthin zurückkehre. Es ist ein traumhafter Ort voller liebenswürdiger Chaoten, herzlicher Kollegen und ein Spielplatz für Piloten aller Art. Dort werde ich bleiben, bis mein Bedürfnis nach Vertrautem gestillt und mein Konto und Flugbuch voller sind. Letzteres, um meiner Privatpilotenlizenz endlich näher zu kommen. Die Zeit danach werde ich es machen wie Katja und Martin, mit Optionen im Kopf, aber noch keiner finalen Entscheidung. Vielleicht fehlen mir die Kanaren, oder ich fliege zurück nach Gozo, oder aber ich entscheide mich für die spannendste Option: etwas Neues, von dem ich jetzt noch nicht ahne, was und wo es sein wird.

Gran Canaria. Doch vorher mache ich mit Nico einen letzten kurzen Abstecher in den Süden von Gran Canaria. Nachdem wir so viel von ihm gehört haben, wollen wir endlich Daniel und seine Flugschule kennenlernen. Ich kann die Inseln einfach nicht verlassen, ohne selbst einmal hier in einem Motorflugzeug geflogen zu sein. Mein Jahr würde mir unvollständig erscheinen. Unser Zeitplan ist knapp bemessen: Wir haben nur diesen Nachmittag, denn morgen Vormittag geht mein Flug nach Frankfurt. Nico fliegt gleichzeitig für einen Gleitschirmurlaub nach Andalusien.

Als wir an der Bushaltestelle Bahía Feliz aussteigen, ist es Mittag, und die Sonne steht fast im Zenit. Die staubige Luft um uns herum flimmert. Nach der eisig klimatisierten Luft im Bus wirkt die Hitze wie ein Schlag ins Gesicht. Wir stehen an der Autobahn, hinter uns nichts als Geröll und Schotter. Etwa hundert Meter entfernt führt eine Brücke über den vierspurigen Verkehr hinein in die Stadt, oder vielmehr eine Ansammlung von Hotels. Ich habe mein gesamtes Gepäck dabei: meinen Koffer, den Kameratrolley und nun auch noch meine komplette Gleitschirmausrüstung. Von hier zum Hotel sind es zwar nur zehn Minuten Fußweg, aber die geht es steil bergauf. Ausladende Gleitschirmrucksäcke Berge hinaufzuschleppen sind wir gewohnt, aber dabei einen übergewichtigen Koffer zu ziehen verlagert den Schwerpunkt gefährlich weit nach hinten. Das Gleichgewicht kann nur wiederhergestellt werden, indem wir uns im rechten Winkel nach vorn lehnen und uns als Packesel-Imitate den Asphalt hinaufkämpfen. Oben angekommen, entschädigt der Blick für alles, keinen Höhenmeter wollte ich rückgängig machen. Das Hotel ist in die Klippen gebaut, sodass wir in der Lobby schon im obersten Stock stehen. Durch die riesige Glasfront sehen wir nichts als das offene Meer. Auf Augenhöhe fliegt im Minutentakt eine Cessna nach der anderen in den Endanflug, so nah, dass ich das Kennzeichen am Rumpf lesen kann. Links von uns liegt die Startbahn auf einer kleinen Landzunge. Ich starre gebannt auf jedes landende und gleich wieder startende Flugzeug, und mit jedem einzelnen wächst meine Spannung und Vorfreude. Ich habe das gesamte Jahr auf den Kanaren kein einziges Kleinflugzeug in der Luft gesehen und auch am Boden nur die wenigen am Flugplatz auf Fuerteventura. Hier sind die also alle.

Ich bin aufgeregt. Das letzte Mal selbst geflogen bin ich vor einem Jahr auf Malta. Am Flughafen dort und auf der Wasserkuppe hatte ich so viele Flugstunden gesammelt, dass ich kurz vorm ersten Alleinflug stand. Jetzt frage ich mich, was davon übrig geblieben ist, und kann nicht erwarten, es gleich zu testen. Auch bin ich gespannt, Daniel kennenzulernen.

Nico nimmt mir nicht übel, dass ich nur noch bedingt auf andere Themen ansprechbar bin, wenn die Aussicht auf einen Flug besteht. Ich kann nur noch an eins denken: Ich will in die Luft! Ich muss jetzt fliegen, sonst platze ich. Mit jeder weiteren Cessna, die an mir vorbeifliegt, wird dieses Verlangen drängender.

Ich dusche, tausche Sandalen gegen Turnschuhe und stehe keine fünf Minuten später startklar vor der Tür. Wir klettern durch Gestrüpp die Felsen hinunter zum schwarzsandigen Strand und hoffen, dass wir von dort ein geöffnetes Gate zum Flugplatz finden. Vermutlich hätte es einen eleganteren Weg gegeben, aber dieser führte auch zum Ziel. Die Eingänge zum Flugplatz sind nur mit der richtigen Zahlenkombinationen zu öffnen, aber eins der Tore hat eine Klingel. Ein junger Mann in Pilotenuniform kommt aus einem Büro und lässt uns herein.

„Daniel ist irgendwo dort drüben." Er deutet in Richtung einer weiteren Halle und verschwindet wieder zu seinen ebenfalls uniformierten Kollegen in das Gebäude, das ich nun als eine Flugschule mit ATPL-Ausbildung für Linienpiloten erkenne. Hier wird also ein Teil der zukünftigen Binter-Piloten ausgebildet. Am liebsten würde ich ihm folgen, mir meine Uniform abholen und mich zu den anderen in den Schulungsraum setzen oder noch lieber in eine der zweimotorigen Senecas, die vor dem Hangar stehen. Doch die 70 000 Euro, die laut Prospekt dafür verlangt werden, habe ich gerade nicht übrig. Also gehe ich vorbei an den vielen zwei- und viersitzigen Cessnas dieser Schule in den zweiten hinteren Hangar, in dem vor allem Ultraleichtflugzeuge und Tragschrauber einiger Privatbesitzer und ein Militärhubschrauber stehen. Daniel trägt etwas ins Bordbuch seiner Tecnam ein. Da ist „sie" also, mein Flugzeug für heute und mein Fluglehrer dazu. „Sie", weil ich finde, dass sie weiblich aussieht mit ihren Rundungen und ihrer kompakten Größe. Ob ein Flugzeug für mich männlich oder weiblich ist, entscheide ich beim ersten Kennenlernen anhand der Form und Größe. Nach meiner Kathi (einer Diamond Katana) ist sie mein zweites Mädchen und mein zweiter Tiefdecker. Alle anderen waren Hochdecker-Jungs.

Daniel hat Hunger und schlägt vor, zuerst essen zu gehen. Wirklich begeistern kann ich mich nicht für seinen

Vorschlag, stimme aber aus Höflichkeit zu. Wir gehen in ein Restaurant direkt neben dem Flugplatz. Überall hängen Fliegerfotos, und an jedem Tisch bleiben wir stehen, weil Daniel mit Bekannten ein Pläuschchen halten muss.

Endlich. Ich drehe den Schlüssel im Zündschloss, der Motor brummt auf, der Propeller setzt sich in Bewegung. Ich könnte jubeln vor Glück. Viel zu lange habe ich das Geräusch nicht mehr gehört, nicht mehr das Vibrieren unter meinem Sitz gespürt. Sie ist laut, und ich liebe es. Daniels Einweisung ist kurz, das Flugzeug selbsterklärend, die Instrumentierung minimalistisch. „Ein einfaches Mädel vom Land, ohne Schnickschnack“, denke ich.

Wir rollen zur Startbahn. Die Rollwege sind ungewöhnlich kurvenreich. „Die sind Teil einer Rennstrecke“, erklärt Daniel.

Der Wind ist für kanarische Verhältnisse schwach und kommt noch dazu fast genau von vorn. Allein die Sichtweiten sind nicht optimal. Also los, Schubhebel nach vorn, Geschwindigkeit aufbauen und abheben: mein liebster Moment beim Fliegen. Klar, Landen macht auch Spaß, aber da schwingt immer das Gefühl mit, dass der Flug damit zu Ende geht.

Weiter nach Norden darf ich nicht fliegen, da die Sichtweiten dort durch sandige Luft so kurz sind, dass nur ein Einflug nach Instrumentenflugregeln erlaubt wäre. Dafür habe weder ich die Berechtigung, noch hat das Flugzeug die entsprechende Instrumentierung. Also fliege ich nach dem Start in einer Rechtskurve über das Meer in Richtung Süden. Ich fliege noch relativ tief über die Dünen von Maspalomas, und mir fällt der Ungar ein, der sich im Januar nicht mit mir die Dünen hinabkullern lassen wollte. Was er wohl jetzt macht? Hinter dem Leuchtturm biege ich ab in Richtung Berge und beginne, stärker zu steigen.

Ein ganzer Cocktail verschiedener Hormone mischt sich in meinem Körper zusammen: Da ist noch ein bisschen Adrenalin übrig von der Aufregung vor dem Flug, noch viel von dem „Yippie"-Dopamin vom Start und Unmengen glücklich machender Endorphine oder wie auch immer die Dinger heißen. Doch zu all diesen Glückshormonen gesellt sich etwas hinzu, das eine Mischung aus Sentimentalität und Überwältigung in mir hervorruft.Vielleicht ausgelöst dadurch, dass ich in der Ferne den Roque Nublo erkenne, um den ich im Februar erst verliebt mit Ben gewandert bin.

Über einem der drei Stauseen weiter im Inselinnern lässt mich Daniel Manöver üben. Dazu steigen wir zunächst weiter bis auf eine ausreichende Sicherheitshöhe und fliegen plötzlich direkt über der staubigen Luftschicht. Die Luft an der Grenze zwischen den zwei Schichten war kurz turbulent, aber hier oben fliegt mein Flugzeug wieder wie auf Schienen, obwohl es leicht ist.

Die Bergrücken unter uns wirken wie im Nebel, dafür sehe ich nun den Teide durch die linke Scheibe. Wieder stauen sich die Wolken auf halber Höhe an seiner Nordseite, wieder ist der Süden Teneriffas klar; erstaunlich, wie deutlich wir die Nachbarinsel von hier erkennen können. Ich kann kaum glauben, dass ein ganzes Jahr vergangen ist, seit ich ihn zum ersten Mal so gesehen habe. Was für ein intensives Jahr es doch war. Zum Glück fordern die Flugübungen jetzt meine Konzentration, sonst hätte sich vielleicht sogar ein wenig Traurigkeit zu meinem Gefühlscocktail gemischt. Ankunft liegt mir mehr als Abschied. Aber der ist erst morgen dran, also konzentriere ich mich lieber darauf, bei meinen Steilkurven keine Höhe zu verlieren und sie in exakt der geforderten Himmelsrichtung ausgeleitet zu haben. Mein kleines Flugzeug fliegt sich angenehm gutmütig und reagiert präzise auf meine Steuerbefehle.

Bei meinem ersten Besuch mochte ich die Insel noch nicht besonders, beim zweiten war schon alles anders, und jetzt, von hier oben, liebe ich sie. Alles ist in die richtige Perspektive gerückt: Der zubetonierte Küstenabschnitt im Süden wirkt klein und unbedeutend im Vergleich zum weitläufigen Gebirge, das den größten Teil der Insel bedeckt.

Auf dem Rückflug will Daniel, dass ich einen Schnellabstieg übe, aber schnell absteigen möchte ich nicht. Im Grunde möchte ich überhaupt nicht sinken, sondern so lange weiterfliegen, wie es der Benzinstand zulässt. Natürlich folge ich seiner Anweisung trotzdem.

Zurück am Flugplatz lässt er mich noch ein paar Platzrunden üben wie die anderen Schüler zuvor. Landen und sofort wieder durchstarten, ich könnte das noch stundenlang weitermachen, aber Daniel ist zum Abendessen verabredet.

„Wann geht dein Flug morgen?"

„Kurz nach elf."

„Wenn du willst, können wir gleich nach Sonnenaufgang noch einmal fliegen und anschließend fahre ich euch zum Flughafen."

Und ob ich will! Damit konnte er mich schließlich doch noch zu einer endgültigen Landung für heute überreden.

„Morgen früh rufe ich vorher im Tower an, die kennen mich, vielleicht darfst du einen tiefen Überflug am Hauptflughafen machen", schlägt er vor.

Ich kann es kaum erwarten.

Als ich am nächsten Morgen zum Flugplatz gehe, schimmert das spiegelglatte Meer von den ersten Sonnenstrahlen in zarten Rosatönen. Heute bin ich nicht mehr aufgeregt, dafür ein wenig wehmütig. Hier gestern und heute fliegen zu dürfen ist die perfekte Krönung meines Jahres. Und gleichzeitig der Abschied.

Daniel hat das Flugzeug schon vor den Hangar geschoben, auch mit dem Außencheck ist er bereits fertig. Außer uns ist noch niemand hier. Die Windfahne hängt schlaff nach unten.

„Daniel, ich habe ganz viele kleine Papageien im Baum gesehen, direkt vor dem Flugplatz“, überfalle ich ihn, weil ich meine Entdeckung für ungewöhnlich halte.

Er offensichtlich nicht: „Ja, klar, Mönchssittiche, sieht man hier ständig.“

Wir steigen ein, ich rolle zur Startbahn 07. Die Sichtweiten sind heute top.

Auch Daniels Anweisungen gefallen mir: „Flieg nach dem Start gleich weiter in Richtung Nordost zum Hauptflughafen, wahrscheinlich bekommen wir heute die Freigabe zu einem Low Approach. Danach will ich dir Las Palmas von oben zeigen.“

„Einen besseren Plan hätte ich nicht machen können.“

Ich weiß nicht genau, warum ich mich so sehr darüber freue, einen größeren Flughafen anfliegen zu dürfen, aber ich tue es. Schon auf Malta habe ich es jedes Mal geliebt. Alles ist wunderbar organisiert und diszipliniert und ich darf mit den großen Jungs mitspielen. Einfach herrlich. Auch wenn die wenigen anderen Piloten, die jetzt schon in der Luft sind, auf Spanisch funken, tue ich es auf Englisch, denn die spanische Terminologie dazu kenne ich nicht.

„Also los, probieren wir es!“, sagt Daniel kurz nach dem Start, und ich höre die Anweisung heraus, nach einer Freigabe für unseren erhofften Überflug zu fragen.

Ich nehme Kontakt mit Gran Canaria Approach auf: „Gran Canaria, buenos días, EC-FL3, position S1, request low approach runway 03, information zulu.“

Wir werden zum Punkt N2 gelotst, und noch bevor ich dort ankomme, bekommen wir die Freigabe zum Anflug.

Daniel jubelt. In etwa einem Meter Höhe fliege ich über die Bahn, als wollte ich landen.

„Setz besser nicht auf, sonst zählt es als Landung, und du musst eine Gebühr von 90 Euro bezahlen."

Im letzten Drittel der Bahn starte ich wieder mit vollem Schub durch. Auf dem Vorfeld erkenne ich schon das Flugzeug, das mich später nach Frankfurt bringen wird, verdränge den Gedanken aber sofort wieder.

Schließlich war das erst der erste Teil von Daniels Plan für unseren Flug. Noch einmal darf ich steigen und in einem Bogen über die Inselmitte nach Las Palmas fliegen. Die Hänge sind hier flacher geneigt als die im Norden oder Westen und sehr viel dichter besiedelt.

Westlich von Las Palmas fliegen wir über einen Modellflugplatz, um einen weiteren Anflug zu simulieren, bleiben aber zur Sicherheit deutlich höher als vorhin am Flughafen. Auf dieser Miniaturbahn würde ich nicht landen wollen. Optisch endet sie genau an der Steilklippe, und auch faktisch trennt sie nicht viel von ihr. Eine beeindruckende Perspektive. Der Moment, als wir über die Klippen fliegen, fühlt sich an wie der Kipppunkt oben auf einer Achterbahn, obwohl unsere Fluglage gleich bleibt. Dieses kurze flaue Gefühl im Magen und ein „Oh, oh!" im Kopf. Vielleicht ein Streich meiner Psyche, weil mein Unterbewusstsein gespeichert hat, dass Anflüge normalerweise in Landungen enden und eine solche in diesem Fall vermutlich tragisch wäre. Um meinen Adrenalinpegel weiter zum Steigen zu bringen, lässt mich Daniel über der Bucht vor Las Palmas Strömungsabrisse und deren Ausleitung üben.

Wir fliegen an der Playa de las Canteras entlang, dann über die Stadt. Wie auf einem Schachbrett teilen gerade Straßen die Häuserzeilen in gleichmäßige Quadrate. Ich fliege eine Runde um das Hotel, in dem ich mit Ben gewohnt hatte. Eine Flut von Erinnerungen überschwemmt mich mit voller Wucht. Daniel vergesse ich in diesem Moment, er sagt nichts und lässt mich fliegen, wohin ich will. Über den Hafen weiter zur Altstadt. Damit ist die endgültige Richtung eingeschlagen: nach Süden, zurück zum Flugplatz, die Zeit drängt. Noch immer prasseln Erinnerungen über Erinnerungen auf mich ein. Meine Flucht am Tag der Heiligen Drei Könige. Weiter an der Küste entlang. Kein Flugmanöver kann meine Gedanken mehr stoppen, denn jetzt geht es auf kürzestem Weg zur Landebahn. In einiger Entfernung vorbei am Hauptflughafen. Mein erster Flug im Cockpit einer Linienmaschine. Und jetzt mein eigener Flug über die Insel. Was für ein Jahr! Ich bin mit einem Wal durchs Wasser geschwebt. Je weiter ich mich dem Flugplatz nähere, desto bewusster wird mir, dass es jetzt zu Ende geht. Der Geruch des Nebels im Lorbeerwald auf La Gomera. Meine „La Familia". Und gleich meine vorerst letzte Landung auf den Kanaren, von denen ich nun acht Inseln kenne, die ich vor einem Jahr nicht kannte. Mein Erlebniskonto ist voller denn je. Es war vor allem eins: ein richtig gutes Jahr. Mein bestes bisher. Und jetzt geht es weiter.